Die Erbschaft der Gewalt

Kurt Oesterle

Die Erbschaft der Gewalt

Über nahe und ferne Folgen des Kriegs

Essays und Porträts

KLÖPFER&MEYER

Erforsche Deine Geschichte und erzähle sie selbst,
delegiere sie nicht an Spezialisten fürs Große und Ganze,
schule Deine Erfahrungsfähigkeit
am Eigenen wie am Fremden;
dazu wollen meine Versuche Dich ermutigen …

Inhaltsverzeichnis

Vorwort

Als »Erbschaft der Gewalt« bezeichne ich jene mentale Last, die in Deutschland Millionen von Menschen seit dem Ersten Weltkrieg zu tragen hatten, die nicht abzuschütteln war in der Zwischenkriegszeit und noch weit schwerer und drückender wurde während der Hitler-Diktatur sowie im Zweiten Weltkrieg. Die Rede ist dabei von einer Gewalt, die zuerst gegen andere entfesselt wurde, schließlich aber zurückfiel auf ihre Verursacher. Erst nach 1945 verlor sie allmählich an Gewicht, und am Ende waren drei Generationen sowie zwei schmerzhafte Niederlagen nebst Staatsumstürzen nötig gewesen, um ihre Macht zu brechen. Allerdings, wer kann schon wissen, wie und wie oft ein derartiges Gewalterbe weitergegeben wird an Künftige und wann es endgültig überwunden ist?

Ausgangspunkt in meiner Familie, so will es mir scheinen, war das unzureichend bearbeitete Kriegstrauma meines Großvaters, Jahrgang 1894, der es trotz vieler innerfamiliärer Kämpfe um die historische Wahrheit nicht vermochte, seine zwei Söhne – der Jüngere von beiden, Jahrgang 1924, mein Vater – davon abzuhalten, Hitlers Gefolgsleute zu werden und fanatisiert in dessen Krieg zu ziehen. Doch was in meiner Familie geschah, war weit verbreitet im Land, und die zerstörerische sowie selbstzerstörerische politische Unvernunft verebbte erst in jener von außen auferlegten bundesrepublikanischen Demokratie, zu der es keine Alternative gab – und hoffentlich auch in Zukunft nicht gibt!

Wenn ich von Trauma rede, dann übrigens nie in entschuldigender Absicht. Viel zu oft wird dieser Begriff inzwischen nämlich gebraucht, um Schuld zu zerreden und sich selbst sowie der eigenen Nation mit dem Ziel der Relativierung eine Opferrolle anzumaßen. Trauma heißt heute fast immer reduzierte Verantwortlichkeit und moralisch eingeschränkte Zurechnungsfähigkeit. Für mich hingegen ist das Trauma vor allem eine Kategorie, um Täterschaft zu definieren, denn nichts schreibt Gewaltbereitschaft von Generation zu Generation leichter und eindringlicher fort als das Trauma, und zwar in jener aggressiv politisierten Form, die in Deutschland nach 1918 vorherrschend war. Wie diese Fortschreibung im einzelnen zu denken wäre, zeigt mein erster, titelgebender Essay.

Auch Engländer und Franzosen kehrten in großer Zahl traumatisiert aus dem Ersten Weltkrieg zurück. Dennoch hat sich in ihren Ländern die massenhafte Traumatisierung gesellschaftspolitisch nicht annähernd so verheerend ausgewirkt wie in Deutschland. Das lag natürlich vor allem daran, daß man dort bei allen anderen Leiden nicht auch noch eine Kriegsniederlage verschmerzen mußte – jene Niederlage, die zum Schaden der Republik von Weimar auf wahnhafte Weise in Verrat und Verschwörung umgedeutet wurde. Ohne die Realitätsverkennung infolge des Traumas wäre dieser Vorgang wohl kaum möglich gewesen. So unterblieb die vernunftgelenkte Annahme des verlorenen Kriegs mitsamt seiner wahrhaftigen Aufarbeitung nahezu zwangsläufig. Und zwar mit mörderischen Konsequenzen!

Die folgenden acht Essays befassen sich aus ganz unterschiedlichen Perspektiven mit dem Gewalterbe beider Weltkriege: einmal kommt die an der Somme-Front gemachte britische Kriegserfahrung in den Blick, die in Deutschland, anders als die französische, kaum wahrgenommen wurde, obwohl sie in großartigen literarischen Zeugnissen – vor allem Gedichten, die ich allzumeist selbst übersetzen mußte, weil sie bisher unübersetzt waren – ihren Ausdruck gefunden hat; sodann wird das heute zusehends schwerer verständliche Phänomen Verdun untersucht, und zwar sowohl als Schlacht- wie auch als Gedächtnisort, an dem die menschliche Erinnerungsfähigkeit sich jahrzehntelang vor kaum lösbare Probleme gestellt sah. Mit deren Lösung schließlich ist – so wie nirgendwo sonst – der Erste Weltkrieg in Verdun als niemals wieder preiszugebende *europäische* Erfahrung gedeutet worden.

Um persönliche Belastungen, hervorgerufen durch Kriegsgewalt, geht es in den beiden Porträts: an Gregor Dorfmeister läßt sich erkennen, wie schwierig, ja aussichtslos eine ästhetische Bewältigung unaussprechlicher Erlebnisse sein kann, die fast noch im Kindesalter stattgefunden haben – und unter welchen Bedingungen sie schließlich doch gelingt; während an dem Kriegsdienstverweigerer Lothar Pfeiffer, der als Wehrmachtssoldat nicht auf Frauen und Kinder schießen wollte, deutlich wird, wie ein Mann ohne politische oder auch ästhetische Ideologie, nur ausgestattet mit einer schlichten, gewissermaßen natürlichen Moral, die Folgen seines Handelns zeitlebens mit sich schleppt. Kennengelernt habe ich die beiden Männer aus der Generation meines Vaters bei Veranstaltungen in Tübingen.

Von der beinahe unendlichen Dauer von Kriegsversehrungen aller Art handelt auch mein Versuch über Ludwig Uhlands und Friedrich Silchers Lied vom »Guten Kameraden«, das ich am Kriegerdenkmal meines Herkunftsorts während der Kindheit zum ersten Mal gehört habe, das mich bis heute nicht wieder losläßt und auch in Friedenszeiten als privates oder öffentliches Trauerlied nach wie vor unentbehrlich scheint – so tief haben Krieg und Kriegserfahrung in zwei Jahrhunderten es ins allgemeine Gedächtnis eingesenkt.

Der letzte Essay schließlich verfolgt im Stil einer Exkursion die Spuren einfacher Soldaten aus einem schwäbischen Dorf an den Fronten des Ersten Weltkriegs und erkundet, was sich hinter den dürren Angaben einer Kriegsteilnehmerliste verbirgt. Er unternimmt damit den Versuch, die »Erbschaft der Gewalt« in der kollektiven Dimension einer kleinen Landgemeinde darzustellen.

Kurt Oesterle

Die Erbschaft der Gewalt

Mein Großvater als Soldat im Ersten Weltkrieg, und was meinem Vater und mir daraus erwuchs

Ganz anders als der schwäbische Pfarranwärter Cornelius Breuninger, der an der Front vier Jahre lang Tagebuch führte und dem erst die nahende Niederlage im Herbst 1918 die Sprache verschlug, hat mein Großvater während des Ersten Weltkriegs nichts dergleichen getan. Ihm, dem Landhandwerker ohne höhere Bildung, war der bürgerliche Ehrgeiz, in Wort und Bild sein eigener Chronist zu sein, fremd, und er ist es zeitlebens geblieben. Nur singen und erzählen, das konnte er und tat es gerne – zur Freude des Enkels. Einzig vor dem Kriegserlebnis blieb er auch als mündlicher Erzähler stumm, und später glaubte ich ihn in der Zeitdiagnose des Philosophen Walter Benjamin wiederzuerkennen, der in seinem Aufsatz »Erfahrung und Armut« schreibt:

»Die Erfahrung ist im Kurse gefallen, und das in einer Generation, die 1914 bis 18 eine der ungeheuersten Erfahrungen der Weltgeschichte gemacht hat. Konnte man damals nicht feststellen: die Leute kamen verstummt aus dem Feld? Nicht reicher, ärmer an mitteilbarer Erfahrung. Was sich dann zehn

Jahre danach in der Flut der Kriegsbücher ergossen hat, war alles andere als Erfahrung, die vom Mund zum Ohr strömt. Eine Generation, die noch mit der Pferdebahn zur Schule gefahren war, stand (während des Kriegs) unter freiem Himmel in einer Landschaft, in der nichts unverändert geblieben war als die Wolken, und in der Mitte, in einem Kraftfeld zerstörender Ströme und Explosionen, der winzige gebrechliche Menschenkörper.«

Ich weiß nicht, wie mein Großvater um 1920 zu seinem Krieg stand und wie er über ihn gesprochen hat. Als ich geboren wurde, war er 61 Jahre alt, und in meinen Kindheitserinnerungen tauchen nur wenige von seinen Kriegssouvenirs auf, die er offensichtlich behalten hatte: Eisernes Kreuz, Verwundetenabzeichen, ein Foto, auf dem er pfeiferauchend vor frischen Soldatengräbern zu sehen ist, eine Feldpostkarte mit den Ruinen des an der Somme-Front gelegenen Dorfs La Boisselle – wenig genug, doch ich besitze es nach wie vor und entsinne mich, daß mein Großvater diesen kargen Schatz ohne Stolz oder Nostalgie vor mir ausgebreitet hat; seine Orden durfte ich mir mit eigener Hand sogar ans Hemd heften, gleich neben dem brüllenden Hirsch auf meinem Hosenträgerlatz. Leidenschaftlich wurde mein Großvater erst, wenn wir zusammen das Stück aufführten, das ich *unser Kriegsmärchen* nennen möchte.

Ich konnte – als Kind – wählen zwischen zwei Kriegen, dem Krieg meines Vaters und dem Krieg meines Großvaters. Ich entschied mich für den meines Großvaters, er durfte nachgespielt werden und machte Spaß. Ein drolliges Kriegchen, obwohl es *Weltkrieg* genannt wurde. Der Krieg meines Vaters hingegen hieß nur *der Krieg*, war der Krieg selbst und der Krieg überhaupt und durfte nicht nachgespielt werden.

Von meinem Großvater wurde ich gleichsam ermutigt, nachträglich an seinem Krieg teilgenommen zu haben. Als sein Wunschenkel war ich, 39 Jahre vor meiner Geburt, in seinem Weltkrieg zur Welt gekommen: im Sommer 1916 an der Westfront, nahe dem Ufer eines Flusses mit Namen *Somme*, gesprochen wie geschrieben, weil wir es nicht anders wußten. Ich entstieg dem Ohr meines Großvaters, seinem nackten, damals noch unbehaarten Soldatenohr, in dem ich fortan auch hauste, weil es sonst im Krieg keine Unterkunft für mich gab. Mein Großvater nannte mich zuerst *Däumling* und wollte mich im Futteral seiner Brille einquartieren. Dann aber entdeckte er, daß ich ja *noch kleiner als Däumling* war, und setzte mich in sein linkes Ohr, in dessen Öffnung ich aufrecht stehen konnte. Der Regimentsschneiderei gab er den Auftrag, seine eigene Uniform in meiner Größe nachzuschneidern. Nachts schlief er immer nur auf dem einen Ohr, damit ich in dem von mir bewohnten anderen nicht zu Tode gedrückt wurde oder herausfiel. Ich war der bei weitem kleinste Kriegskamerad meines Großvaters, nicht halb so groß wie ein Zinnsoldat, und alles, was ich nachträglich in diesem Krieg berührte, schrumpfte auf meine Größe zusammen.

Zu zweit saßen wir daheim in der großelterlichen Küche, Arm in Arm im Ohrensessel, neben einem Ofen, der *Kanonenofen* hieß und uns mit seinem Zischen und Wummern die Geräusche ferner Kämpfe ins Haus lieferte. Wir stellten einander Erzählaufgaben. Mein Großvater mußte sich etwa ausmalen, was ich erlebt hatte, als unsere Artillerie mich, den Winzling, zum Feind hinüberschoß, um in dessen Ohren auf deutsch Verwirrung zu stiften. War ich an der Reihe, fing mein Großvater mit einer Geschichte an, die ich so schnell wie möglich durch ein *Halt!* unterbrechen mußte, um zu sagen, an welchem Ort sie spielte: *Somme! Verdö!! Duwommo!!!*

In der nächsten Spielrunde wurden mir Stichworte zugeworfen, etwa *Verwundung*, *Abendrasur* oder *Fahrradklau*, *O là là* oder *entlausen*. Meine Aufgabe war es, jedem dieser Worte eine ausfabulierte Geschichte anzudichten. Wenn mein Großvater im Krieg seine Brille verlegt hatte und nichts sehen konnte, stand ich, der Ja-noch-kleiner-als-Däumling auf seiner Riesenschulter und half ihm beim Rasieren. Mit meinen Kommandos lenkte ich das rauschende Messer wie einen Schneepflug durch Bart und Schaum, damit mein Großvater nicht mit zerschnittener Wange zum *O là là* ins Franzosendorf mußte; denn wir pflegten freundlichen Umgang mit den Einheimischen. Übrigens hatten wir diesen Krieg nicht *geführt*, wir waren in diesem Krieg nur *gewesen*, was ich, der kleine Mann im Ohr des Soldaten, bezeugen konnte.

Mein Großvater mimte auch den Vergeßlichen, und ich durfte ihm Stück für Stück sein Gedächtnis zurückgeben. Oder er übertrieb eine schmerzhafte Erinnerung derart, daß ich alle erzählerische Kraft aufwenden mußte, um ihr den Schrecken zu nehmen.

Ob wir beide auf diese Weise gemeinsam das Unaussprechliche bearbeitet haben?

Bereits meinem Vater und seinem drei Jahre älteren Bruder ist dieses Kriegsmärchen aufgetischt worden, in ihrer Kindheit, kurz vor der Einschulung gegen Ende der zwanziger Jahre, als nicht nur in Deutschland die Kriegserinnerungen massenhaft aufgebrochen sind. Zehn Jahre hatte die sogenannte Latenzperiode also auch bei meinem Großvater gedauert, bevor er mit einer Kindergeschichte auf das Ungeheuerliche reagierte. Noch im Alter sollte mein Vater geringschätzig und verständnislos von der Märchenstunde mit seinem Vater sprechen, so wie er, der Weltkrieg-II-Soldat, auch stets nur geringschätzig von dessen Krieg sprechen konnte, der ihm neben dem seinen nur wie ein unbedeutendes Scharmützel vorkam – vielleicht eine der unvermeidlichen Folgen vom drolligen Erzählkriegchen meines Großvaters!?

Warum aber hat mein Großvater diese Geschichte erzählt?

Weil er sich seines Kriegs und der von ihm mitgetragenen Kriegsführung schämte und mit der nackten Wahrheit nicht herauswollte?

Weil er seinen Söhnen die grausige Kriegswahrheit ersparen wollte?

Weil er die Erfahrung gemacht hatte, daß diese Wahrheit sowieso niemand hören wollte?

Weil er, der Weimarer Sozialdemokrat und Anhänger der Republik, der diesen Krieg verurteilte, die Niederlage akzeptiert hatte, Aussöhnung wünschte und mit seiner antinationalistischen Erzählvariante in der Regel nur aneckte?

Oder weil er traumatisiert war, den Krieg und seine tiefere Wahrheit abwehrte oder nicht zu fassen bekam und harmlos darum herum erzählte?

Vieles scheint mir bei meinem Großvater für eine Traumatisierung zu sprechen – denn selbst seinen Gedächtnisverlust könnte er in den Kriegssketchen mit dem Enkel nicht nur inszeniert haben, ahnend, was Traumaforscher heute längst wissen: nämlich daß das Trauma sich nur heilen läßt, wenn es kommuniziert, sprich: in irgendeiner Form weitererzählt und von einem zuhörenden anderen mit Anteilnahme aufgenommen und lebhaft widergespiegelt wird, so wie ich es als Kind in unseren Spielszenen tat.

Bevor ich den Versuch unternehme, mich der Wirklichkeit des großväterlichen Kriegs zu stellen, noch eine Frage: Warum gerade das Ohr – ist es das kriegsüberlastete Organ meines Großvaters gewesen? Hat er darum in der Phantasie einen Beschützer oder Schutzengel in seinem Gehörgang plaziert? Ist es von Bedeutung, daß er im Alter, obwohl zusehends schlechter hörend, sich auch tagsüber die Ohren stundenweise noch mit Wattestöpseln verschloß?

Die Fachliteratur über Kriegstraumata berichtet von »hysterischem Ertauben« bei Soldaten des Ersten Weltkriegs, analog zum »hysterischen Erblinden«, das etwa den Gefreiten Hitler heimgesucht hat. Von Ertauben, auch nur phasenweise, ist mir bei meinem Großvater nichts bekannt. Aber vielleicht litt er ja eher am Gegenteil, an einer – sozusagen – hysterischen *Überhörigkeit*, genau wie der Armierungssoldat Bertin in Arnold Zweigs Roman »Erziehung vor Verdun«, von dem es heißt, daß er an der Front zu einem wahren »Ohrentier« geworden sei, also zu einem in Permanenz überspannt Horchenden und Lauschenden, in unablässiger Erwartung des Allerschlimmsten. Und der Kulturanthropologe Helmut Lethen geht in einem gleichnamigen Aufsatz davon aus, daß in den Materialschlachten des Ersten Weltkriegs vor allem »das Ohr die Einbruchstelle des Traumas« gewesen sei; er schreibt:

»(Unter Soldaten gab es ein Einverständnis darüber), daß die Bedingungen von Kriegsneurosen nicht durch den Anblick von Explosionen, sondern durch das betäubende Geräusch und die Vibration des Trommelfeuers erzeugt worden sei, die für Stunden oder Tage auszuhalten waren. Die Ohrenbetäubung habe eine Art hypnotischen Zustand erzeugt, der nicht in die symbolische Ordnung der Sprache übertragen werden konnte … Etwas gestaltlos Reales war in die Psyche eingedrungen, gegen das der Soldat sich nicht hatte panzern können; man konnte den Lärm nicht kommunizieren, und der Lärm hörte niemals auf.«

Genau das ist die Definition des Traumas: gestaltloser Schrecken, der nicht in die symbolische Ordnung der Sprache und der Bilder übersetzt werden kann. Ein schwerer Granateinschlag etwa tut vermittels des Ohrs seine unmittelbare Schreckwirkung umso heftiger, als er schnell wieder vergessen oder von noch schrecklicheren Einschlägen abgelöst wird. Lethen vermutet sogar, daß der akustische Schock weit schneller im Unbewußten landet als der optische – daß er sich darum aber desto tiefer und nachhaltiger in der Psyche verpuppen kann.

Dem realen Krieg meines Großvaters nähere ich mich auf zwei Wegen: einmal mit einem Besuch im Hauptstaatsarchiv Stuttgart, dann bei einer Reise über die ehemaligen Schlachtfelder an der Somme. Auf jener Postkarte, die er aus dem Ruinenort La Boisselle nach Hause schickte, ist zu lesen, bei welcher Einheit er gedient hat, sie wird gleichsam statt eines Ortes als Absender angegeben: *4 Pi 13* steht da zu lesen, das heißt: Mein Großvater Friedrich Oesterle, geboren 1894 in dem schwäbisch-fränkischen Dorf Oberrot, hat beim württembergischen Pionierbataillon 13 gedient, und zwar in dessen vierter Kompanie. Im Archiv empfiehlt man mir, um Näheres über den Kriegseinsatz meines Großvaters zu erfahren, folgende Unterlagen anzufordern: einmal die Stammrolle, also gewissermaßen das Personalregister seiner Truppe, dann deren im Stab geführtes »Kriegstagebuch« und schließlich das Buch des ehemaligen Weltkriegsoffiziers Ludwig Knies, mit dem Titel »Das württembergische Pionierbataillon 13«, das in den zwanziger Jahren in einer populärhistorischen Reihe über »Württembergs Heer im Weltkrieg« erschienen ist, eine stark kriegsverharmlosende, wenn nicht-verherrlichende Quelle, aus der ich dennoch viel über meinen Großvater erfahre. Genauer – nicht über ihn persönlich, er war nur ein rangniederer Pionier, dessen Auftauchen in den Annalen nicht zu erwarten ist, aber als Teil seiner Truppe, in deren Bewegungen und Handlungen ich ihn hineindenken muß.

Hier scheint mir eine – kurze – Bemerkung in eigener Sache angebracht: Ich schreibe diesen Essay nicht als professioneller Historiker, sondern als Schriftsteller, zu dessen Fach auch die Selbsterkundung gehört …

Eingezogen wurde mein Großvater laut Stammrolle im Juni 1915, gerade 21 Jahre alt geworden; er hat sich also immerhin nicht freiwillig gemeldet. Nach Kasernierung und Ausbildung in seiner Garnisonsstadt Ulm zog der gelernte Schreiner mit seiner Pioniertruppe über das Elsaß und Lothringen in den Nordwesten Frankreichs, an die Somme-Front, wo die

Deutschen ab Frühjahr 1916 nicht länger französischen, sondern englischen Einheiten gegenüberstanden. Wann mein Großvater hier erstmals zum Einsatz kam, weiß ich nicht, zu vermuten ist, daß er als Pionier an der Errichtung jener gewaltigen Feldstellungen beteiligt war, mit denen das deutsche Oberkommando die erwartete Offensive des Gegners aufhalten wollte, unter anderem die in Großbritannien noch immer berühmte »Schwaben Redoubt« unweit des Dorfes Thiepval. Denn schon länger schien klar zu sein, daß an der Somme ein französisch-britischer Großangriff bevorstand, und mein Großvater durfte sich wohl zu jener eilends herbeigerufenen Verstärkung rechnen, die auf deutscher Seite dringend nötig war, um jene Schlacht schlagen zu können, die mit ihrer vermutlich mehr als einer halben Million Toten zu einer der furchtbarsten des Ersten Weltkriegs werden sollte.

Als mein Großvater die Somme-Front erreichte – mag es im Herbst 1915 gewesen sein –, stand seine Pioniertruppe schon seit längerem in dem Dorf Beaumont und hatte von dort aus den zehn Kilometer langen Frontabschnitt zwischen Serre und La Boisselle zu betreuen, in dem auch Thiepval lag. Aus dem Kriegstagebuch seiner Kompanie geht hervor, mit welchen schlachtvorbereitenden Arbeiten die Pioniere befaßt waren: der Herstellung von »Sehspiegeln« etwa, die die Kampfzone vermutlich zu überblicken halfen, ohne daß die Soldaten ihren Kopf zu weit aus dem Graben strecken mußten; dann mit dem Ausbau von Stollen und anderen Großanlagen bei Thiepval und Beaumont (wo sich auch ihr Pionierpark mit sämtlichen Werkstätten befand), des weiteren dem Bau von neuen Kampf- und Laufgräben, Unterständen und Beobachtungsposten sowie einer Feldbahn, die den Transport von Waffen, Munition und Verpflegung zur Front sicherstellen sollte. Daß die große Schlacht näherrückte, zeigen die Arbeiten, von denen das Kriegstagebuch im Frühjahr 1916 berichtet: das Anlegen von Minenfeldern vor allem, außerdem der Bau von Munitionsunterständen, die gegen feindliche Treffer zu schützen waren, sowie die Einrichtung von Mörserstellungen und Maschinengewehrnestern; fast jeder Eintrag schließt mit der Bemerkung »Verteilung der Nahkampfmittel«, worunter man sich vermutlich Handgranaten, Bajonette, Pistolen und Messer vorstellen darf. Das Knies'sche Truppenporträt berichtet außerdem von »Handgranatenprüfung in winterlicher Witterung« sowie der Errichtung von »Scheinanlagen«, die den Gegner verwirren und seine wütenden Angriffe auf sich ziehen sollten. Nebenbei ist von »Wohnungsverbesserungen« die Rede, die inmitten der Ruinendörfer wohl den eigenen Soldaten zugute kamen.

In Umrissen wird bei Knies ebenfalls beschrieben, welche Fortschritte die Waffentechnik gleichzeitig machte: Im Frühsommer 1915 ereignete sich zum Beispiel das erste »Trommelfeuer«, und der Verfasser merkt an, daß sowohl das Wort wie auch die Erfahrung neu gewesen seien, »denn manche Leute waren davon verstört«. Zur selben Zeit setzte der Gaskrieg ein, weshalb an die Soldaten erstmals »Schutzapparate gegen Giftgase« ausgegeben wurden. Und Anfang 1916, als man mit dem wuchtigen Ausbau des Frontabschnitts begann, forcierte der Gegner den »Minenkrieg«; teils aus vierzig Metern Tiefe seien die deutschen Linien angegriffen worden. Der einsetzende Minenkrieg ist für Knies nun der rechte Zeitpunkt, die bisherigen Toten des Bataillons zu zählen: 148 sind es, zudem 350 Verwundete.

Ende Juni 1916 brach schließlich die einwöchige Kanonade los, die den Auftakt zur Somme-Schlacht bildete. Mein Großvater dürfte sie so wie den anschließenden Sturmlauf der Briten am 1. Juli in den sicheren Tiefbunkern des Pionierparks von Beaumont erlebt haben, die für sämtliche deutsche Einheiten gebaut worden waren. Diese Bunker waren wie alle Feldstellungen über und unter der Erde »schlicht undurchdringlich«, wie der Kriegsarchäologe Frieder Riedel in seinem Buch über den Grabenkrieg an der Somme schreibt. Fliegerattacken verschärften die Angriffe noch, und die Knies'sche Bataillonschronik spricht sicher ohne Übertreibung von einem »fortwährenden Zittern und Beben des Erdbodens«, das eine Woche Tag und Nacht andauerte. Als die württembergischen Pioniere ihre Schutzräume wieder verließen, mußten sie zahlreiche verschüttete Stellungen und Unterstände »ausgraben«, Essen nach vorn zur kämpfenden Truppe schaffen und Tote mit zurücknehmen, sodann waren zerbombte Straßen und Wege wiederherzustellen, Baustoffe sowie Lebensmittel aus der Etappe zu besorgen und vorrangig in der Dunkelheit – als wären die Pioniere Nachtwächter – die Frontlinie zu bewachen, etwa indem man sie mit Leuchtspurmunition erhellte, um gegnerische Kommandounternehmen abzuschrecken. Zehn Tage rannten die laut Knies »vollbepackten Engländer« unter größten Verlusten immer wieder gegen die bestens gesicherten deutschen Linien an – waren alle Pionierarbeiten erledigt, mußte auch die Truppe meines Großvaters befehlsgemäß »zur Beteiligung am allgemeinen Kampf« übergehen. Wer ihn überlebte, durfte anschließend im Pionierpark wieder ans Werk gehen, um sich an der massenhaften Herstellung von Särgen und Grabkreuzen zu beteiligen und die Gefallenen – auch das Pionierarbeit – unter die Erde zu bringen.

Wohl mehr als einmal war der Kriegslebenslauf meines Großvaters von großem Glück begleitet, und ganz bestimmt an jenem Tag Ende Oktober oder Anfang November 1916, als seine Einheit aus Beaumont abgezogen wurde. Denn so blieb ihm ein weiterer Tag in diesem schlachtwichtigen Ort erspart, der ihm noch leichter als andere Tage den Tod hätte bringen können, jener Tag nämlich, an dem die Briten den Ort erstürmten, indem sie »Feuerwalzen« schossen. So gelang es, die Deutschen aus Beaumont zu vertreiben, während die Briten sich vorher gleich mehrmals in einem Grabensystem totgelaufen hatten, das laut Riedel mit Abstand »das am sorgfältigsten geplante und gebaute« im Bereich der Somme-Front war. Dazu zählten auch die geräumigsten und tiefsten Stollen, unter anderem der »Leillingstollen«, in denen die deutschen Soldaten am Ort, darunter wohl mein Großvater, die furchtbarsten Attacken des Gegners – wahrscheinlich auch den tagelang ununterbrochenen Beschuß zum Beginn der Somme-Schlacht – in größtmöglicher Sicherheit überlebten.

Zielort meiner Reise an die Somme soll Thiepval sein, jenes Dorf in der Picardie, nach dem in Tübingen, meinem Wohnort, eine ehemalige Kaserne benannt ist. In Großbritannien ist der Name Thiepval das weithin bekannte Synonym für jene Katastrophe, in die englische und irische Einheiten in der Schlacht an der Somme gerieten. Ihnen gegenüber, eben in Thiepval, lagen deutsche Soldaten des 180. württembergischen Infanterieregiments, deren Heimatgarnison Tübingen war und bei dem Cornelius Breuninger diente. Ihre Kaserne wurde 1938 nach dem picardischen Dorf benannt – eine mentale Vorbereitung auf den nächsten Krieg, zumal den Nazis Thiepval ein Ort des Sieges, nicht der Niederlage zu sein schien.

Dieser Ort liegt auf einem teilweise bewaldeten Höhenzug, der nach Süden hin abfällt zu dem Flüßchen

Ancre, das kurz vor Amiens in die Somme mündet. Im Norden, Westen und Osten Thiepvals dehnen sich auf Kreideboden unüberblickbare Felder aus, auf denen Zuckerrüben, Weizen und Dinkel wachsen. Aus dem flachen und weiten Land ragen außer ein paar Pappelreihen nur einige Kirchtürme und hie und da ein Schornstein auf. Sie stehen in gleichfalls nicht sehr großen Ortschaften mit Namen wie Grandcourt, Pozières, Courcelettes, Athies oder Longueval. Keines dieser alten Bauerndörfer hat den Ersten Weltkrieg überstanden, doch sind sie alle nachher wieder aufgebaut worden, manchmal kleiner oder hundert Meter von ihrem ursprünglichen Platz entfernt und jedes Gebäude ausnahmslos mit dem dunkelroten Backstein, der in der Gegend gebrannt und offenbar als einziges Baumaterial verfügbar war. Nicht wieder aufgebaut wurde das Schlößchen von Thiepval, das dem Grafen Bréda gehörte, bei dem vor dem Krieg die meisten der damals zweihundert Dorfbewohner gearbeitet hatten.

An der Stelle von Schloß und Schloßpark – durch ihn lief der vorderste deutsche Graben – erhebt sich heute das mit Tricolore und Union Jack beflaggte »Thiepval Memorial to the Missing«. Es ist 46 Meter hoch, wurde nach Plänen des englischen Architekten Edwin Lutyens errichtet und 1932 eingeweiht. Auf den hellen Steinplatten der sechzehn Pfeiler sind die Namen aller britischen Vermißten der Somme-Schlacht eingraviert: über 72 000 Mann, die in der Landschaft verschwunden sind wie Staubkörnchen. »Vermißt« kann zweierlei bedeuten: entweder unauffindbar in der von Millionen Geschossen aller Kaliber umgepflügten Kampfzone oder nach der Schlacht zwar wiedergefunden, aber unidentifizierbar. Bis heute kehren manche der Toten zurück, die identifizierbaren werden auf einem der 140 britischen Friedhöfe der Umgebung beerdigt und erhalten dort einen individuellen Grabstein – ihre Namen am Memorial aber werden gelöscht. Die unidentifizierbaren kommen ebenfalls auf einen der Friedhöfe, unter der Grabinschrift:

Unknown Soldier of the Great War / Known but to God
(Unbekannter Soldat aus dem Großen Krieg / Gott aber bekannt)

Noch älter als das Memorial ist der »Ulster-Tower«, der fünfzehn Wegminuten entfernt liegt und bereits 1921 fertiggestelllt war. Es handelt sich dabei um die Nachbildung eines mittelalterlichen Turms in Nordirland, in jener Gegend gelegen, in der die Soldaten ausgebildet wurden, die im Sommer 1916 die von Deutschen besetzte Anhöhe von Thiepval einnehmen sollten. Rechts und links des »Ulster-Tower« erstrecken sich zwei britische Soldatenfriedhöfe, »Mill Road« und »Connaught Cemetry«. Sie sind beide – es ist bei meinem Besuch Anfang April – gerade frisch bepflanzt worden, vor allem mit Stiefmütterchen, auch die Wege wurden jüngst geharkt, der Rasen zwischen den Gräbern gestutzt. Alles Arbeiten, die jährlich von den Gärtnertrupps der »Commonwealth War Graves Commission«, der britischen Kriegsgräberfürsorge, versehen werden, freilich nicht nur in Thiepval, sondern überall auf den Friedhöfen des zwanzig Quadratkilometer großen ehemaligen Schlachtgebiets nördlich der Somme, auf dem 129 000 Gräber zu betreuen sind.

Nicht nur Engländer, Schotten, Iren und Waliser liegen unter den zart beigefarbenen Stelen begraben, sondern auch Kanadier, Neuseeländer, Australier, Südafrikaner, Neufundländer, Rhodesier, Inder, Vietnamesen und Chinesen: insgesamt Soldaten und Armierungsarbeiter aus über zwanzig Ländern. In der Picardie hat sich der Krieg auf dem europäischen Festland zum Weltkrieg ausgeweitet, und auch einen Modernisierungssprung hat er an der Somme gemacht: So kamen auf den Feldern vor Thiepval erstmals Tanks, auf deutsch zu der Zeit »Panzerautomobile«, zum Einsatz.

Doch wo sind hier noch Spuren der Deutschen zu finden? An der einstigen Front sucht man sie meist vergebens. Wer etwa deutsche Soldatenfriedhöfe finden will, muß – von einer Ausnahme (in Fricourt) abgesehen – ins Hinterland reisen. Vorn, wo die Front verlief, erinnert sonst nichts mehr an die deutsche Kriegspartei, hier ist ihr Gedächtnis nahezu vollkommen aus der Landschaft verbannt – ebenso wie sämtliche deutsche Stellungen, etwa die noch immer schaudererregende »Schwabenfeste«, einstmals Kernstück des deutschen Graben- und Bunkersystems im Zentrum der Somme-Schlacht, gelegen teils über, teils unter den Äckern von Thiepval – mein Großvater dürfte als Pionier auch an ihrem Bau beteiligt gewesen sein. Dieses uneinnehmbare Verteidigungssystem bestand aus mehreren Grabenlinien samt Drahthindernissen, bunkerartigen Schutzräumen mit diversen Ausgängen, Telefonzentralen, Ruhe- und Versorgungsräumen, Lazaretten und sogar einer eigenen Wasser- und Stromversorgung. Manche dieser Fortifikationen lagen bis zu zwanzig Meter tief unter der Erde und faßten tausend Mann. Riedel spricht sogar von »unterirdischen Städten«. Aber auch natürliche Erdhöhlen, recht häufig im Kreideboden der Picardie, waren in das Deckungssystem einbezogen, ebenso die verwaisten Dörfer, desgleichen Einödhöfe, Schloßanlagen, Kapellen oder eine der häufigen Zuckerfabriken. Blickt man auf die Karten, in denen dieser Frontabschnitt verzeichnet ist, erkennt man sofort, woher die Soldaten stammten, die ihn ausgebaut hatten – die meisten Gräben nämlich trugen heimatliche Namen: Zollerngraben etwa oder Stauferweg, Meisen- oder Münstergasse, Josenhans-, Stockacher oder Ulmer Graben, Königstraße, und selbst eine Mordiogasse wie in der Tübinger Altstadt gab es auf dem Schlachtfeld von Thiepval. Wer einmal aus der Kampfzone herauskam, konnte in das vergleichsweise sichere, zwölf Kilometer nördlich gelegene Ligny-Tilloy fahren, wo der Zahlmeister des 180. Infanterieregiments für alle Dienstgrade eine »Erholungsstätte«

eingerichtet hatte, die »Tübinger Hof« hieß (Cornelius Breuninger erwähnt sie mehrfach in seinem Kriegstagebuch).

Die auffallend heimatliche Namensgebung geht jedoch keineswegs auf die kämpfende Truppe zurück, die damit ihr Heimweh gestillt haben könnte, nein, sie entsprang vielmehr der gezielten Kriegspropaganda von oben. Die deutschen Soldaten sollten an der Somme offenbar Heimatgefühl entwickeln und sich nicht in einer abweisenden Fremde fühlen. Ein Grund dafür dürfte gewesen sein, daß hier lange gar nicht gekämpft, sondern durch den Bau riesiger Feldstellungen der Kampf nur vorbereitet wurde, was das auf Angriffskrieg getrimmte Heer frustriert haben mag. Zum anderen standen die Deutschen im Nordwesten Frankreichs auf historisch unvertrautem Gelände, und die Kämpfer im Wartestand mögen sich gefragt haben, was ihr Kaiser und Kriegsherr hier draußen eigentlich wollte, denn die Picardie war weder Elsaß noch Lothringen, auf das man kraft Geschichte einen Anspruch glaubte erheben zu dürfen. Das Gefühl, zurecht an diesem Ort zu stehen, mußte den eigenen Leuten durch eine Art organisierter Sentimentalität offenbar erst eingetrichtert werden.

Ob mein Großvater auf solchen Schmus hereingefallen ist?

Der große Angriff auf das deutsche Bollwerk an der Somme erfolgte am 1. Juli 1916, nachdem zuvor eine Woche lang aus zweitausend Geschützen auf die deutschen Linien gefeuert worden war. Das britische Oberkommando hatte gehofft, die feindlichen Soldaten mit diesem Bombardement zu töten, zu verschütten oder wenigstens bis zur Kampfunfähigkeit zu zerrütten. Doch als die Briten schließlich durch das Niemandsland auf die vordersten deutschen Gräben zuliefen, fanden sie die Brustwehren und vor allem die Maschinengewehrstellungen der »Feste Schwaben« voll besetzt. Die Deutschen hatten den Beschuß in ihren teils ausbetonierten Unterständen, Stollen, Tunnels und Tiefkasernen weitgehend unversehrt überstanden.

Thiepval war mit seinen Befestigungsanlagen für die Briten, wie es in der Literatur heißt, nicht weniger als »the launchpad«; diesen Pfad mußte hinauf, wer die Großoffensive erfolgreich fortführen wollte, sei es um das umkämpfte Verdun zu entlasten oder gar den Krieg zu beenden. Was aber allein am ersten Tag der Somme-Schlacht geschah, wird in Großbritannien bis heute »Katastrophe«, »Desaster« oder »Tragödie« genannt. Der Historiker John Keegan schreibt in seinem Buch »Das Antlitz des Krieges«: »Die Tragödie liegt in der gewaltigen Disparität der deutschen und der britischen Verluste. Das deutsche 180. Regiment verlor von etwa 3 000 Mann am 1. Juli rund 280; die dieses Regiment angreifende 8. britische Division verlor 5 121 von 12 000.«

Mit den Worten von Leutnant Breuninger: »Die Maschinengewehre haben wunderbar gearbeitet.«

Zwei Jahre hielt das 180. Infanterieregiment in Thiepval aus – bis die Briten die »indefatigable Wurtenburgers« am 26. September 1916 vertrieben: aus einem Trümmerhaufen, unter dem Hunderte von Leichen lagen. Die eigentlichen Bewohner Thiepvals hatten ihren Heimatort – es war ihr wirklicher, nicht ihr angemaßter – bereits Ende 1915 verlassen, 35 Männer, 45 Frauen und 25 Kinder, angeführt von ihrem Curé, dem katholischen Pfarrer. Ihr Kirchturm war von den Deutschen bereits ein Jahr davor gesprengt worden, damit er der feindlichen Artillerie keine Orientierung bot. Auf Viehwagen wurden sie ins Hinterland gebracht. Im Frühjahr 1919 kamen die ersten von ihnen zurück, zuerst nur Männer, die sich in den einstigen deutschen Unterständen einrichteten oder, wie ein englischer Chronist schreibt, »in Fuchslöchern« hausten. Erst in den Zwanzigern stand wieder das erste und lange einzig befestigte Gebäude von Thiepval, eine Aufwärm- und Ausschankhütte mit dem Namen »A l'héroine des ruines« (»Zur Heldin der Ruinen«). In diesem Lokal verkehrten die Heimkehrer, die aus den Schlacht- wieder Getreidefelder machen wollten, oder auch die Edelmetallsammler aus halb Europa, die bei ihrer Tätigkeit nicht selten in die Luft flogen oder spurlos in Granattrichtern verschwanden. Vielleicht waren unter den Gästen der »Heldin« aber auch einige jener deutschen Kriegsgefangenen, die die auf den Feldern ringsum begrabenen Toten auf Soldatenfriedhöfe umzubetten hatten.

Das 180. Infanterieregiment zog sich so wie die übrige Division nach Norden zurück, in die sichere »Siegfried-Stellung«. Doch bevor sämtliche Einheiten die Somme-Front und ihr Umland verließen, hatten sie Anfang 1917 noch das »Unternehmen Alberich« auszuführen, mit anderen Worten: verbrannte Erde zu hinterlassen auf dem gesamten noch unter deutschem Befehl stehenden Kampfgebiet! Zunächst wurde dabei die noch verbliebene Bevölkerung verjagt oder deportiert, dann wurden die Brunnen verseucht oder gesprengt, die Kirchen zum Einsturz gebracht, restlos alle Bäume auch entlang der Überlandstraßen gefällt und Behausungen aller Art zertrümmert oder eingerissen. Schließlich wurden für die nachrückenden Briten überall Sprengfallen von »erfinderischer Bösartigkeit« angebracht, wie Ernst Jünger in seinen »Stahlgewittern« festgehalten hat. Zweihundert im Krieg bislang noch nicht oder nicht völlig zerstörte Dörfer wurden auf diese Weise in Schutt und Asche verwandelt. Das 180. Infanterieregiment führte den verbrecherischen »Alberich«-Befehl des deutschen Oberkommandos unter anderem in dem Dorf Douchy aus, und sowohl die dortigen Sprengungen wie auch ihr trauriges Ergebnis hat Cornelius Breuninger stolz und getreu ins Bild gesetzt.

Aber auch mein Großvater und seine Truppe, die vierte Kompanie des 13. württembergischen Pionierbataillons, haben den »Alberich«-Befehl mit ausgeführt, und zwar an der Seite von Breuningers 180. Infanterieregiment, dem sie zeitweise zugeteilt war. »Arbeiten am Feind« nennt Ludwig Knies, der Chronist dieser Feldpioniere, die »Alberich«-Zerstörungen harmlos und vergeudet kein Wort darüber, daß es sich um Kriegsverbrechen handelte. Als zu Beginn des Jahres 1917 der »Alberich«-Befehl bei ihr eintraf, stand die Kompanie meines Großvaters nordwestlich der Somme in dem Dorf Moyenneville. Von dort aus hatte sie in einem Radius von rund 15 Kilometern unterschiedliche Zerstörungen vorzunehmen, laut Kriegstagebuch unter anderem: die Sprengung von Brunnen und Bahndämmen in den Dörfern Monchy-au-Bois, Ayette und Riencourt, die Vernichtung eines »Bergwerks« – vermutlich jenes Kreidebergwerks, das auch Jünger erwähnt –, abermals in Monchy, dann Straßensprengungen in St. Leger (bei Breuninger wiederum ins Bild gebannt), in Hamelincourt, Moyenneville, Douchy und wieder Ayette sowie eine »Denkmalsprengung bei der Eisenbahnbrücke Neuville«.

Bis in den Hochsommer 1917 sollte das württembergische Pionierbataillon 13 hier verweilen, dann wurde es in die dritte Flandernschlacht geschickt, bevor es noch einmal nach Nordfrankreich zurückkehrte, um im Oktober 1918, kurz vor Kriegsschluß, an der Doppelschlacht von Cambrai teilzunehmen. Danach setzte der Rückzug auf belgischen Boden ein, allerdings nicht ohne noch einmal zerstörerisch tätig geworden zu sein, unter anderem in dem Dorf Grandglise, und ebenso die eigenen Geschütze in die Luft zu sprengen, »wenn der Feind nahte«, wie es in der Knies'schen Chronik heißt.

Aber dann kam das Ende.

Am 10. November 1918, am Tag zwischen der Revolution in Deutschland und dem Waffenstillstand in Frankreich, trat das Bataillon meines Großvaters von Brüssel aus zu Fuß seinen Heimweg an, bis nach Köln. Dort bestiegen alle Mann, die überlebt hatten und des Gehens noch fähig waren, am 7. Dezember einen Zug, der über Wiesbaden und Bruchsal nach Ulm fuhr, in ihre Heimatgarnison. Vier Tage darauf wurden sie demobilisiert und konnten Weihnachten zu Hause verbringen. Die einzige Verwundung, die mein Großvater mit heimbrachte, war eine Rißwunde am linken Schienbein – die hatte er sich zugezogen, als er an einem gasverseuchten Stacheldraht hängen geblieben war. Sie war nicht schlimm, diese Wunde, sollte sich aber zeitlebens nicht wieder schließen, und wenn wir in meiner Kindheit »Lazarett« spielten, durfte ich sie ihm sozusagen im Originalzustand versorgen.

Ich kann nur ahnen, in welchem Zustand mein Großvater aus dem Krieg heimgekehrt ist, so wie ich gleichfalls nur ahnen kann, in welchem Zustand er 1915 in den Krieg gezogen war. Hatte er sich wie so viele in dieser Zeit mitreißen lassen vom »Rausch der Gefühle« und an eine »deutsche Sendung« geglaubt? Oder war der jetzt 24-Jährige bereits Vorkriegssozialdemokrat gewesen und allenfalls bereit, im Sinne des Burgfriedensgebots seine patriotische Pflicht zu tun, zähneknirschend wie andere Vertreter der Linken? Wie auch immer – jedenfalls läßt sich an seinem politischen Verhalten nach der Niederlage ermessen, daß er mit dem Krieg und seinen Folgen anders umgegangen ist als die deutsche Mehrheit, die nach dem Historiker Modris Eksteins für die nächsten fünfzehn Jahre fast durchgängig »mit jenen radikalen Elementen sympathisierte, die den Mut hatten, die Kriegsanstrengung nicht für vergeblich zu halten und dies vehement öffentlich zu vertreten«, wie es in seiner Weltkriegsstudie »Tanz über Gräben« heißt. Nein, mein Großvater schlug sich vielmehr auf die Seite der sogenannten Novemberverbrecher, der Demokraten und Republikaner oder vielleicht sogar der Pazifisten. Folglich konnte er auch nicht an die verrückteste Wahnidee der Rechten glauben, an die »Dolchstoßlegende«, die besagte, daß der Sieg der Fronttruppen daheim von den Politikern verraten und verkauft worden sei, eine Art Intrige an der Heimatfront; ebensowenig kann er sich dem damit einhergehenden, nach 1918 wüst aufbrandenden Antisemitismus ergeben haben, für den – nach dem Psychoanalytiker Ernst Simmel – der demobilisierte Frontsoldat besonders anfällig gewesen sei. »Warum?«, fragt Simmel und gibt zur Antwort:

»Die militärische Disziplin hat den Soldaten gelehrt, sein Über-Ich vorübergehend an seine Vorgesetzten zu delegieren, sie für ihn entscheiden zu lassen, wie er zu denken und sich zu verhalten hat, vor allem, wie und wann er nach ihrem Befehl Aggressionen auf einen Feind zu richten hat. Wenn der Soldat nach Hause kommt, muß er aber sein militärisches Ich wieder in ein ziviles verwandeln, das heißt, die Verantwortung für seine Gefühle und Handlungen wieder selbst übernehmen und seine aggressiven Neigungen unterdrücken und verdrängen. Unter dieser psychischen Belastung neigt der Soldat oft dazu, sein militärisches Gruppenleben in einer anderen Gruppe fortzusetzen, die keine innere Verantwortlichkeit, keine Verdrängung von Aggressionen von ihm fordert. Die antisemitische Ideologie bietet ihm eine solche Gelegenheit …«

Auch gegen diesen Dämon scheint mein Großvater immun gewesen zu sein. Er entwand sich allem Militärischen und fing ein ziviles Leben an, ohne rückwirkende Kriegsverklärung. 1920 heiratete er, zwei Jahre später erwarb er den Meisterbrief im Schreinerhandwerk und machte sich selbständig; 1921 wurde sein erster Sohn geboren, 1924 sein zweiter, eben jener, der später mein Vater werden sollte. Mein Großvater Friedrich Oesterle hat also in jeder Hinsicht seinen Krieg bearbeitet und überwunden. In jeder Hinsicht? – in fast jeder, zumindest …

Doch wie ist es mit dem Trauma? Es hat vermutlich seine ganz eigene Wirkung gezeitigt und dafür gesorgt, daß gewisse Wahrheiten ausgeblendet blieben oder nur in verfälschter Form zutage traten, weil ihr Kernereignis ungreifbar oder allzu schmerzhaft war.

Der Erste Weltkrieg war auch darin der erste, daß er traumatisierte Soldaten in Mengen hervorgebracht hat – allein für Deutschland nimmt die Forschung eine Zahl von mindestens 600 000 Betroffenen an, mit Traumen von ganz unterschiedlichen Verlaufsformen, darunter schwere Nervenerkrankungen, die nie wieder heilen sollten. Ich zitiere aus dem Aufsatz »Kriegsgewalt und Psychotrauma« des Psychiaters Wolfgang U. Eckart:

»Der moderne, hoch technisierte Krieg traf an allen Fronten Menschen, die dem apokalyptischen Inferno des pausenlosen Kugel- und Granathagels, dem grellen Leuchten, Blitzen und Flackern der Frontabschnitte, dem infernalischen Brüllen und Kreischen berstender Metallgeschosse, dem perfiden Zwitschern und Pfeifen der Projektile und Querschläger, dem Schreien und Gurgeln der Verwundeten, dem tausendfachen Anblick entseelter Leiberfetzen ... nicht mehr standhalten konnten und wollten. Viele wurden irre an dieser Situation, zitterten, krampften, erbrachen sich pausenlos, näßten ein, verstummten, vergruben sich in ihr Innerstes, reagierten skurril. So schor sich ein Soldat ein Kreuz ins Haupthaar, um gegen Fliegerbomben gesichert zu sein, ein anderer brachte einen Frosch an der Leine mit und behauptete, das sei ein Bär, einige tranken Tinte und behaupteten, das sei guter Wein.«

Wer aus diesem Krieg zurückkehrte, um mit Arnold Zweig zu sprechen, der kehrte »vom Rand der Menschheit« zurück – in eine teils von mittelbaren Kriegsfolgen gleichfalls traumatisierte Zivilgesellschaft, in der das eigene Trauma – oder mit einem heutigen Begriff: die posttraumatische Belastungsstörung – sich erst richtig entfalten konnte. Längst geht man davon aus, daß Traumatisierungen hochansteckend sind und sich durch Wort und Bild leicht in andere hineinsenken lassen, auch »transgenerational«. Dazu braucht es nicht einmal einen traumatisierten Prügelvater, jenen dem Kampfgraben entsprungenen Wut- und Gewaltberserker, der in den zwanziger Jahren zehntausendfach zur Brutalisierung der nächsten Generation beigetragen hat. Vom Vorgang der unfreiwilligen Traumaweitergabe muß ein französischer Veteran bereits kurz nach dem Krieg etwas geahnt haben, als er schrieb: »Dieser Krieg hat uns für Generationen gezeichnet … all diese Schreckvisionen, die er rund um uns heraufbeschworen hat, dieses barbarische Mann-gegen-Mann, all diese flammenden Nächte, wir werden das eines Tages in den Augen unserer Söhne wiederfinden.« Sigmund Freud erblickte im Trauma einen »inneren Feind«, das sogenannte Introjekt, das sich wie ein Fremdkörper in die Seele bohrt und dort isoliert bleibt, das quält und rumort, ängstigt, den Schlaf raubt, richtungslose Aggressionen auslöst, nie vergessen werden kann, der Erinnerung aber unzugänglich bleibt und psychisch kaum bearbeitbar ist.

Nichts weist in der Geschichte meiner Familie darauf hin, daß mein Großvater seinen Söhnen ein tyrannischer und gewalttätiger Vater gewesen wäre – wie also ist *er* mit dem »inneren Feind« fertig geworden? Einmal, so denke ich, indem er ihm mit Vernunft begegnete, sprich: die Niederlage als unausweichlich annahm, die Kriegspolitik des Kaiserreichs kritisch durchleuchtete, die demokratische Revolution akzeptierte und sich der Republik zuwandte – so mag er den Frieden erlangt haben. Dann – zweitens – indem er den Krieg verkindlicht hat, sprich: das Unerträgliche seines Fronterlebnisses – Todesfurcht, Granatschrecken, zerfetzte Kameraden, »Träume, die triefen vor Mord« (wie der englische Frontoffizier Siegfried Sassoon dichtete) – in ein Kriegsmärchen übersetzte, das er vor dem Enkel bereits seinen beiden Söhnen – wie soll ich sagen? – *vererbt* hat.

Bei den Söhnen jedoch ist seine Geschichte auf keinen fruchtbaren Boden gefallen, attraktiver, ja geradezu elektrisierend lebendig und ergreifend war auf Dauer für meinen Vater wie seinen Bruder sowie den Großteil ihrer Generation jene weit weniger märchenhafte Geschichte des Ersten Weltkriegs, die ein anderer ehemaliger Frontsoldat ihnen zu erzählen hatte, und *ihm* haben sie lieber zugehört: Adolf Hitler! Psychotraumatologisch könnte man sagen: Er, Hitler, hat seinen »inneren Feind« nicht entwaffnet, sondern ihn nach außen projiziert und ihm gleich mehrere Gesichter gegeben, hießen sie nun »der Westen«, »die Demokratie«, »die Juden«, »der Bolschewismus« oder auch »die Lauen, Unentschlossenen und Friedfertigen«, zu denen er gewiß auch meinen Großvater gezählt hätte. Gerade mit dem Ersten Weltkrieg hat Hitler die Jungen geködert. »Nur wenn man das Fronterlebnis versteht, kann man den Nationalsozialismus verstehen«, rief er ihnen zu, und die totale Mobilmachung im Kriegsfall diente ihm als Modell für eine neue Gesellschaftsordnung, einschließlich des an die Jungen gegebenen Versprechens, gewalttätig und grausam sein zu dürfen. Anders als für meinen Großvater war für Adolf Hitler der Krieg 1918 nicht zu Ende, er wollte ihn mithilfe der nächsten Generation wieder ausbrechen lassen und diesmal auch gewinnen. Das oft wiederholte Drohwort meines Großvaters am Küchentisch – »Hitler heißt Krieg!« – erschreckte die Söhne nicht, im Gegenteil, sie konnten den Krieg als fanatische HJ-Mitglieder mit dem Ruf – »Macht Platz, ihr Alten!« – kaum erwarten.

Ich frage mich, ob mein Vater und sein Bruder dem Verführer weniger willig gefolgt wären, hätte mein Großvater ihnen die Wahrheit über seinen Krieg erzählt und nicht die Däumlings-Variante. Noch einmal: Wieso hat er seinen Söhnen dieses Kriegsmärchen überhaupt erzählt? Als mein Großvater damit begann, wohl um die Zeit der Weltwirtschaftskrise, griff in Deutschland erstmals seit 1918 massenhafte Kriegsverherrlichung um sich; dabei wollte er wahrscheinlich nicht mittun und wich ins Skurrile aus, statt die häßliche Wahrheit auszusprechen. Ein Zitat des Militärhistorikers Bernhard R. Kroener:

»Die zeitliche Koinzidenz (der neuen Kriegsverherrlichung) mit der wirtschaftlichen Depression Ende der zwanziger Jahre (nährt die These), daß das Bild des Krieges sich von einer als negativ erfahrenen Gegenwart entfernte und zu einem gesellschaftlichen Idealzustand verklärt wurde, der das gesamte Volk zu einer Einheit zusammenschmolz, gesellschaftliche Gegensätze nivellierte und in klaren autoritären Strukturen jedem seinen Platz zuwies. In der Krise ging vom Rückgriff auf heroisch-kollektive Leistungen eine ungeheure emotionale Wirkung aus.«

Eine Wirkung, der mein Vater und sein Bruder sich nicht entziehen konnten – so wenig wie die demokratisch-antimilitaristische Zeitdiagnose ihres Vaters bei ihnen verfing.

Doch je mehr – zumal nach 1933 – die Eltern versuchten, ihren Söhnen den neuen Staat und seine Jugendorganisation zu verleiden, desto verbissener bewiesen die beiden ihnen, wie sehr sie mit Hitler übereinstimmten und ihm dienen, wenn nötig für ihn töten und sterben wollten. Tag für Tag verloren die Eltern am Küchentisch ihren Kampf. Die Söhne glaubten ihnen nichts und fühlten sich ihnen auf eine schon wahnwitzige Art überlegen, der Mutter mit ihren christlichen Bedenken gegen das Unrecht der Judenverfolgung, dem Vater mit seinen ewigen Beschwörungen eines kommenden Kriegs, der Deutschland den Untergang bringe.

Dieser Krieg kam, und er war weitaus mehr als eine Fortsetzung des vorhergegangenen; der Bruder meines Vaters aber sollte ihn nicht überleben. Noch in meiner Kindheit ist dieser Krieg in vielerlei Nachwirkungen gegenwärtig gewesen: Schon als Vorschulkind kannte ich mich mit der Schlacht von Stalingrad so gut aus wie mit der Panzerschlacht am Kursker Bogen; nicht weniger vertraut war ich mit der Splittersammlung meines Vaters: Bombensplitter, die er aus in seiner Werkstatt zugeschnittenem Holz gepult und in einer eigenen Schachtel aufgehoben hat; ebenso saß ich des öfteren dabei, wenn seine Freunde zu Besuch kamen, Schnaps und Most tranken und ihre düsteren Geschichten erzählten: Bareiß saß mit am Tisch, der »Stalingrader«, der seit dem Krieg nichts Festliches und Feierliches mehr ertrug und daheim, jedesmal kurz vor dem Essen, den Sonntagsbraten vom gedeckten Tisch nahm, um ihn draußen im Hof seinem Hund vorzusetzen. Ebenso Binanzer, der statt seines gefallenen Bruders aus dem Krieg heimgekehrt war, was seine Eltern lauthals bedauert hatten – seither fuhr er gefährliche Motorradrennen, die ihn schon bald das Leben kosten sollten. Oder Helmschmied, der wieder und wieder mit den Händen anzeigen mußte, wie wenig die Russen noch maßen, wenn er sie mit seinem Flammenwerfer von den Bäumen gesengt hatte. Oder Noller der

Maurer, in dessen Leib eine Kugel wanderte, die ein russischer Scharfschütze 1943 vor Moskau auf ihn abgeschossen hatte; als sie ihr Ziel erreichte und Noller sterbend zusammenbrach, war es an einem Sonntag bei uns daheim … er war nicht abzuschütteln, dieser alles überragende Vaterkrieg, und auch in kein Märchen ließ er sich pressen.

Als ich achtzehn wurde, im Mai 1973, legte mein Vater ein Geständnis vor mir ab, von sich aus und vor mir ganz allein. Der Vater beichtet dem Sohn! Auf Dauer, sagte er, wolle er nichts vor mir verbergen, auch damit ich geimpft sei gegen politische Irrtümer. Leider könne er mir im Politischen kraft eigener Verfehlungen kein Vorbild sein, lediglich ein Freund oder Ratgeber. Ich sei nun alt genug, seine Geschichte zu hören, auch wenn sie für uns beide peinlich und beschämend klinge. Und so hörte ich, daß er in der HJ unseres Dorfs bis zum »Hauptscharführer« aufgestiegen war und seine Befehlsgewalt überaus genossen hatte. Eisern habe er daran geglaubt, daß sein Volk zur Weltherrschaft berufen sei und andere Völker überfallen, unterwerfen und ausplündern dürfe, am meisten habe er die Russen und andere Slawen gehaßt, und doch nicht einen von ihnen gekannt.

Was für ein fanatischer junger Nationalsozialist er gewesen sei, das erkenne er dreißig Jahre später daran, daß er sich mit siebzehn zum Schrecken seiner Eltern zur »Leibstandarte Adolf Hitler« gemeldet habe; seine

Bewerbung wurde allerdings abgelehnt, weil er die geforderte Körpergröße von 1 Meter 80 nicht hatte, sondern zwei Zentimeter kleiner war. Noch im selben Jahr, 1942, meldete er sich zur Luftwaffe – Hitlers höchstem Trumpf, wie er glaubte, eine Waffe, die den Krieg erneuern und ihm, dem Jungen vom Dorf, Ruhm bringen werde. Man nahm ihn als Schüler eines der Flugzeugführer-Ausbildungsregimenter an, aber kaum Kampfpilot, wurde mein Vater zu seiner Enttäuschung zu den »Erdkampfverbänden« eben jener Luftwaffe versetzt und mußte, so wie sein eigener Vater schon, den Krieg ganz nah am Boden führen, und zwar als Meldegänger zu Fuß oder mit dem Fahrrad an der Ostfront. Das schien ihm dann doch auch unfreiwillig komisch, denn schließlich hatte er sich um jeden Preis strahlend hervortun wollen, selbst um den Preis von Schuld und Tod. Völlig unverdient sei ihm aber die »göttliche Gnade« zuteil geworden, nicht in der »Leibstandarte« zum Kriegsverbrecher oder als junger, kampfunerprobter Jagdflieger von überlegenen Gegnern abgeschossen zu werden. Mit einer geringfügigen Verwundung kam er nach drei Wochen Kriegsgefangenschaft (bei den Amerikanern) wieder nach Hause, wo er, so wie nach 1918 mein Großvater, als selbständiger Schreinermeister von vorn begann. Doch freilich – auch an seinem Platz habe er in diesem Krieg getötet, sagte mein Vater, allerdings nur im Kampf, nie Zivilisten oder Kriegsgefangene, das schwöre er mir (und tat es mit bebender Stimme). Viel später habe ich versucht, den Weg seiner Einheit durch den Krieg nachzuverfolgen. Aussichtslos. Nach Archivauskünften wurde seine Truppe derart oft aufgerieben, der traurige Rest auf andere Truppen verteilt, daß die Spur des Flugzeugführer-Ausbildungsregiments Nummer 23 aus Kaufbeuren sich bald verliert …

Die Aufrichtigkeit meines Vaters erschütterte mich, und insgeheim gelobte ich, all das Gehörte im Lauf der Zeit noch besser und tiefer zu verstehen, nicht ahnend, daß Vaterverstehen in Deutschland eine Lebensaufgabe ist. Da wollte, in unserem Gespräch, mein Vater plötzlich von mir hören, welche Schlußfolgerung *ich* aus seinen Irrtümern zöge, für mich, für mein eigenes Leben. Daran hatte ich nicht einmal von fern gedacht, mein Vater aber ließ mich wissen, daß ein Fall wie der seine sich in unserer Familie auf keinen Fall wiederholen dürfe.

Für mich bedeute das erstens: Finger weg von der Politik, vor allem von den Parteien! Einzig höhere Bildung, die ihm verwehrt geblieben sei, schütze vor politischem Wahn, und ich, sein Sohn, käme ja bereits in den Genuß solcher Bildung; zweitens: kein Dienst mit der Waffe, niemals. In Kürze sei ich wehrerfaßt, und wir müßten meine Kriegsdienstverweigerung vorbereiten; den Bundespräsidenten werde er so lange mit Briefen bombardieren, bis ich anerkannt sei. Jugend sei unberechenbar, skandierte mein Vater in seiner Werkstatt, vor allem junge Männer; darum werde er mir helfen, ein Auge auf mich zu haben; das schulde der Vater dem Sohn. Ich staunte, mir war nicht bewußt gewesen, daß man Angst vor mir haben, auf mich aufpassen und mich entschärfen mußte, so als wäre auch ich ein gefährlicher Sohn.

Mit anderen Worten: *Meine* Friedfertigkeit war *seine* Wiedergutmachung an der Welt.

Bereits in erster Instanz wurde ich anerkannt und durfte zum »Zivildienst«, der damals sechzehn Monate dauerte. Ich begründete meine Verweigerung mit Totalpazifismus. Hätte ich mich auf die Kriegsschuld der Väter berufen, so wäre das ehrlicher gewesen – aber mein Beistand, ein schlauer Pfarrer, hatte mir davon abgeraten ... Mit einem langen Begleitbrief meines Vaters war ich vor dem Prüfungsausschuß erschienen und hatte ihn auch verlesen dürfen, worauf der Vorsitzende spöttisch andeutete, daß der »werte Herr Vater« damit als Kriegsdienstverweigerer zweifellos selbst anerkannt worden wäre.

Mit mir und meiner Generation war der deutsche Bann also gewissermaßen gebrochen und der von Enzo Traverso sogenannte »Zyklus jener katastrophalen Ereigniskette«, der 1914 seinen Anfang genommen hatte, beendet. Man könnte auch sagen: Nach dem zweiten Mal ist es endlich gelungen, das Trauma zu beheben oder zumindest den »inneren Feind«, den Kriege offenbar hinterlassen, zu entmachten. Mir kommt daran freilich das geringste Verdienst zu, ich habe vor allem profitiert von der politischen und mentalen Verfaßtheit der Bundesrepublik, mit der vor allem viele jungintellektuelle Vertreter meiner Generation lange genug gefremdelt hatten, obwohl sie die größten Nutznießer etwa ihres liberalen Bildungssystems waren. Meine – wie soll ich sagen? – ganz persönliche Westbindung hat erst kurz vor Beginn der zweiten Lebenshälfte immer mehr an Stärke gewonnen und mich aus meinem jugendlichen Totalpazifismus – friedfertig bis zur Wehrlosigkeit, entwaffnet bis zum Realitätsverlust – wieder herausgeführt. Heute würde ich nicht mehr verweigern, sondern in der Armee des Grundgesetz-Staates meinen Dienst mit der Waffe tun; denn ein Weltbild auf den (durchaus berechtigten) Schuldgefühlen des Vaters aufzubauen, schafft keine Freiheit, sondern bestätigt nur alte Abhängigkeiten aufs neue. Oder anders: Von friedvoller Selbstentwaffnung riete ich ab, solange es irgendwo auf der Welt junge Männer geben sollte, die meinem Vater und seinen Generationsgefährten in ihren jungen Jahren gleichen und die den Krieg mehr lieben als ihr eigenes Leben.

Zur Trauma-Thematik seien exemplarisch genannt: Günter H. Seidler/Wolfgang U. Eckart (Hg.), Verletzte Seelen. Möglichkeiten und Perspektiven einer historischen Traumaforschung, 2005; sodann Inka Mülder-Bach (Hg.), Modernität und Trauma. Beiträge zum Zeitenbruch des Ersten Weltkriegs, 2000; von Frieder Riedel herausgegeben, ist 2014 Cornelius Breuningers Kriegstagebuch 1914-18 erschienen, das Somme-Buch desselben Verfassers – mit dem Haupttitel: Zwischen Kriegsgericht und Heldentod – ist bereits 2007 auf den Markt gekommen. Die doppelte Kriegsgeschichte meiner Familie habe ich ausführlich, wenn auch in literarischer Verkleidung, in meinen beiden Romanen »Der Fernsehgast oder Wie ich lernte die Welt zu sehen«, 2002, sowie in »Der Wunschbruder«, 2014, nacherzählt.

2014

Verdun

Krieg und Nachkrieg im Spiegel literarischer und anderer Zeugnisse

Am Anfang war das Schweigen ...

Als der Krieg und seine größte Schlacht vorüber waren, fragten sich die Überlebenden, wie man darüber sprechen könne, ja, mit welchen Mitteln überhaupt daran zu erinnern sei. Sie kamen zu der Einsicht, daß die Schlacht von Verdun allen, die nicht an ihr teilgenommen hatten, kaum zu vermitteln war.

Zu viel Unaussprechliches war geschehen.

Eher noch konnten französische Verdun-Kämpfer sich deutschen Verdun-Kämpfern verständlich machen, als daß sie Landsleuten, die nicht in Verdun gelitten hatten, zu sagen vermochten, wie es dort gewesen sei. »Wir sind anachronistische Überlebende, unsere Erfahrung ist nicht mitteilbar«, schrieb Maurice Genevoix, ehemaliger Verdun-Kämpfer und Mitglied der Académie Française – und aus diesem Grund ist Genevoix noch nach Jahrzehnten nicht müde geworden, »die Solidarität zwischen den ehemaligen Kämpfern« beider Seiten zu würdigen; er schreibt:

»Es ist eine tiefe, ergreifende Solidarität, verwurzelt in dem gleichen Gefühl der *condition humaine*. Ich habe oft Anstoß erregt, weil ich diese Solidarität bezeugte und keinen Zweifel daran ließ, mich den deutschen Soldaten, die das gleiche Elend erlebten wie wir, näher zu fühlen als meinen eigenen Landsleuten in der Etappe.«

Darum war das öffentliche Gedenken der französischen Überlebenden von Verdun so lange vom Schweigen beherrscht.

Einmal im Jahr trafen sie sich zu Tausenden auf dem Schlachtfeld, nahe der zerstörten Kapelle von Sainte-Fine. Es war in einer der hier oben meist eisig kalten Februarnächte. Stumm standen sie da. Niemand durfte sich als Redner hervortun. Angesichts der vielen Kriegsgräber ringsum galt eine unerbittliche Gleichheit. Schließlich pilgerten sie hinüber zum französischen Soldatenfriedhof von Douaumont. Jeder Teilnehmer stellte sich an eines der Gräber – zur »Ablösung«, um mit den Toten symbolisch die Plätze zu tauschen. Jetzt ertönte erstmals eine Stimme. Sie rief, für die namenlosen Toten im Beinhaus gegenüber, die Namen ihrer Kampf- und Sterbeorte ins Dunkel: »Douaumont, La Caillette, Vaux-Chapitre, Bois-Fumin, Ornes, Damloup, Ravin des Vignes, Froideterre, Mort-Homme …«

In Verdun bewegt sich das menschliche Gedächtnis an der Grenze seiner Möglichkeiten. Was immer es unternimmt, um das Ungeheure, das sich dort zutrug, für die Nachwelt festzuhalten, scheint zu wenig.

Dennoch hat es seit dem Ende des Kriegs nicht davon abgelassen, das Vergangene zu repräsentieren, in den unterschiedlichsten Gestalten – museal, filmisch, literarisch –, die ihrerseits selbst schon wieder historisch und Gegenstand der Forschung geworden sind.

Wenn aber schon die Kriegsgeneration Mühe hatte, ihre in Verdun gemachten Erfahrungen zu übermitteln, wie könnte es dann dem geschichtsbewußten Zeitgenossen von heute gelingen, gültig darüber zu sprechen?

Und wäre das überhaupt wünschenswert?

Sollte man die Geschichte der Verdun-Schlacht nicht besser den Toten überlassen und den Historikern? Was spricht dafür, ein solches Monster-Ereignis aus dem Zeitalter der irrsinnig gewordenen europäischen Nationalismen noch in unserem sich täglich weiter globalisierenden Gedächtnis zu bewahren?

Auf diese Frage gibt es keine Antwort, die mit »Ja, weil ...« beginnt.

Ich will im Folgenden – erzählend, beschreibend, nachdenkend, also immer indirekt, nie thesenhaft – einige Gründe anführen, weshalb die Schlacht von Verdun und ihre Folgen nicht in Vergessenheit geraten sollten. Diese Gründe haben im weitesten Sinn damit zu tun, daß der Gesamtkomplex »Verdun« sehr viel Anschauungsmaterial zum Thema *Zivilisationsgefährdung* enthält.

Dem gegenwärtigen deutschen Geschichtsbewußtsein erscheint der Erste Weltkrieg fremder und abgelegener als dem französischen und dem britischen Geschichtsbewußtsein, die ihn, ungeachtet des Zweiten Weltkriegs, nach wie vor als den »Großen Krieg« abgespeichert haben. In Deutschland ist er hinter den noch düstereren Horizonten von Hitlerkrieg und Holocaust beinahe unsichtbar geworden. Der Westen hingegen erkannte früh, was er zu bedeuten hatte. Paul Valéry, der große französische Philosoph und Schriftsteller, konstatierte bereits 1919: Jetzt, nach dem Ersten Weltkrieg, besitze man die Gewißheit, daß auch Zivilisationen sterblich seien. Darauf konnte Jahrzehnte später die umfassendere These errichtet werden, das gesamte Zeitalter der Moderne sei durchdrungen von einem technikbedingten Verlust an Ethik, der schließlich die innere Menschennatur verwüstet und mit Beginn des Ersten Weltkriegs dem industriellen Massen- und Völkermord den Weg geebnet habe. Zum Beleg wurden vier Namen aufgerufen, die für den Triumphzug der Enthumanisierung im zwanzigsten Jahrhundert stehen sollen, neben Auschwitz, dem »Archipel Gulag« und Vietnam auch der Name Verdun.

So wurde – typisch für das ausgehende letzte Jahrhundert – aus Verdun eine Chiffre, eine Signatur, ein Symbolbegriff. Der historischen Urteilskraft mag damit geholfen sein, dem Gedächtnis sicher nicht.

Was sagen die Zahlen?

Auf dem Schlachtfeld von Verdun sind knapp 700 000 französische und deutsche Soldaten gefallen oder verwundet worden, 362 000 auf französischer, 337 000 auf deutscher Seite; die höchste Zahl der Gefallenen auf beiden Seiten, die ich gefunden habe, beläuft sich auf 420 000, die niedrigste auf 200 000; demnach wären zwischen 300 000 und 500 000 Soldaten an Leib und Seele verwundet worden, zu einem großen Teil irreversibel; manche Historiker sprechen sogar von Verwundeten in Millionenstärke. In den Hauptkämpfen des Jahres 1916 lag die Ausfallquote auf beiden Seiten bei 8:2, das heißt: von zehn Mann kamen bestenfalls zwei unversehrt davon. Allein 70 000 Franzosen sollen durch »friendly fire« umgekommen sein. Im Beinhaus von Douaumont, dem »Ossuaire«, ruhen die Gebeine von 130 000 unbekannten Toten; auf dem Friedhof davor sind 16 123 gefallene Franzosen bestattet, Christen, Juden und Muslime; auf den deutschen Soldatenfriedhöfen im Hinterland liegen 93 000 Tote.

Der Krieg vor Verdun war vor allem ein Artillerie-Bombardement, acht Monate lang wurde unablässig geschossen. Auf jeden Quadratmeter fiel mindestens ein schweres Geschoß der deutschen Angreifer. Allein am ersten Tag ihrer Offensive, dem 21. Februar 1916, als die Deutschen auf einer Breite von zwölf Kilometern mit 200 000 Mann losschlugen, feuerten sie 936 000 Granaten aller Kaliber auf die Stadt und die französischen Linien; in den rund vierzig sogenannten Hauptkampfwochen verschossen allein die deutschen Batterien 1,35 Millionen Tonnen Artilleriemunition – ein

Autor hat errechnet, daß der Eisenbahnzug, der diese Munitionsmenge transportieren könnte, so lang sein müßte wie die Strecke zwischen Köln und Warschau.

Doch was sagen diese Zahlen wirklich?

»Die große Zahl löscht das Leid«, schreibt der Dichter Wolfgang Koeppen, der um 1960 für sein Buch »Reisen nach Frankreich« auch Verdun besuchte.

Verdun war zu allen Zeiten eine kleine Stadt; auch heute hat der Ort, dem das Stadtmarketing den Unternamen »Weltfriedensstadt« verlieh, kaum mehr als 20 000 Einwohner. In der Römerzeit hieß er »Castrum Virodunum«, was nichts anderes bedeutet als »starke Festung«; während ihrer langen Geschichte ist die Stadt zehnmal belagert worden. Die deutschen Soldaten, die hier im Ersten Weltkrieg kämpften und nicht Französisch konnten, nannten sie »Ferduhn«; nach der deutschen Annexion sollte sie, auf Betreiben der Alldeutschen, »Werden« heißen.

Verdun liegt im äußersten Nordosten Frankreichs, kaum fünf Autostunden von Stuttgart entfernt, mitten in altem lothringischen Bauernland. Zu Zeiten des Deutschen Reichs waren es von dort nur wenige Kilometer bis zu den schwarz-weiß-roten Schlagbäumen vor Metz.

Stadt und Gebiet Verdun wurden durch Jahrhunderte von Deutschen und von Franzosen gleichermaßen beansprucht – kein Wunder, daß der Name mythologisch extrem aufgeladen war und geschichtsromantische Nebel ihn umwallten. Vor allem das Jahr 843 brachte die Gemüter auf, da nämlich war in Verdun das Karolingerreich dreigeteilt worden: Zur Linken, sozusagen, hieß es fortan Frankreich, zur Rechten Deutschland; in der Mitte, das dritte Stück, bekam König Lothar II. (»Lothari regnum« – »Lothringen«), das nach dem Tod des Herrschers aber nicht zu halten war, zur umstrittenen Beute der beiden anderen Reichsteile wurde und in der Folge selten zur Ruhe kam.

Später, gegen Ende des Ersten Weltkriegs, als Gründe dafür gesucht wurden, warum die Deutschen ihre Nachbarn gerade bei Verdun angegriffen hatten, war unter anderem zu hören: wegen der symbolischen Bedeutung des Teilungsvertrags von 843 und der nie geklärten Ansprüche des Deutschen Reichs. Aber dieses Argument war ein Tarnargument, ein nachgeschobener Vorwand und eine scheinheilige Ausrede der Verantwortlichen, die nicht wahrhaben wollten, daß sie sich blutig verrechnet hatten und von Anfang an keine Chance besaßen, in Verdun durchzubrechen – und hatten doch großspurig ihre Offensive »Unternehmen Gericht« genannt.

Verdun liegt an der Maas, und vor der Stadt, im Norden und Osten, erheben sich die Maashöhen; geradewegs hierher, auf diese schützend vor der Stadt gelegenen Hügel, verweisen die in der Umgebung allgegenwärtigen Straßenschilder mit der Aufschrift »Champ de Bataille« – »Schlachtfeld«. Die gesamte

Verdun-Front war vierzig Kilometer lang, sie zog sich von Osten bei Les Eparges und St. Mihiel hinüber nach Westen bis zu den beiden Höhen »Toter Mann« und »304« (die heute eigentlich »297« heißen müßte, weil ihr im Krieg sieben Meter Höhe weggefräst wurden); als Endpunkt der Front könnte das Dörfchen Vauquois im Argonnerwald gelten, von dem der Minenkrieg lediglich einen überwucherten Riesenkrater übriggelassen hat, mit einer stumpfen Anhöhe in der Mitte, auf der sich früher die Kirche erhob.

Doch der Hauptabschnitt der Front, das waren die Waldhügel nördlich und östlich der Stadt. Hier fand der deutsche Angriff von 1916 statt, hier tobte die sogenannte »Hölle von Verdun« am siedendsten, hier wurde nach 1918 die »zone rouge«, die »rote Zone« abgesperrt, bei deren Säuberung noch einmal Hunderte, vielleicht Tausende von französischen Forstleuten, polnischen oder spanischen Metallsammlern sowie deutschen Kriegsgefangenen den Tod fanden; auch Schlachtfeldtouristen sollen in der »roten Zone« zu Schaden gekommen sein, wenn sie sich für ein »Souvenir« auf Abwege begaben.

... aber schön sind die Wälder nun wieder, so schön und friedvoll wie vermutlich vor ihrem großen Fall, und sicherlich dichter; ja, man hat dem Wald hier oben nach dem Ersten Weltkrieg mehr Erde überlassen können als davor, denn die Menschen, die hier einst lebten, kamen in nicht sehr großer Zahl zurück. Viele mag es vor diesem Ort gegraut haben. Andere, die sich dem Abwehrkampf vor ihrer Haustür sogleich angeschlossen hatten, waren tot und liegen einen Steinwurf entfernt von ihren einstigen Wohnstätten auf einem der vielen Soldatenfriedhöfe. In den zwei Dutzend Gemeinden des engeren Frontgebiets lebten 1914 sechseinhalbtausend Menschen – bei der nächsten Zählung, 1970, waren es 1700. Lücken in der Zivilbevölkerung, wenn man so sagen darf, wurden nach 1918 überwiegend mit Ansiedlern aus dem Elsaß geschlossen, das nun wieder französisch geworden war und offenbar einen Bevölkerungsüberschuß besaß, bei dem man sich glaubte bedienen zu dürfen.

Doch wer lebte gern in dieser Todesbrache?

Ein Gang in die verheerten Wälder war aus mehrerlei Gründen gefährlich: Überall lag noch scharfe Munition herum; auch konnte der unterhöhlte, trichterbesäte Boden einbrechen, und man versank für immer darin; oder zurückgelassene Sanitätshunde, die wieder zu Wölfen geworden waren und nachts die Dörfer bedrohten, fielen über einen her.

Neun Dörfer in der Umgebung waren völlig zerstört und wurden nicht wieder aufgebaut: Beaumont, Bezonvaux, Cumières, Douaumont, Fleury, Haumont, Louvemont, Ornes und Vaux. Wo sie einst standen, diese heilig gehaltenen »villages détruits«, stehen heute Denkmäler und Gedenkkapellen, die an sie erinnern. Von manchen finden sich noch ein paar Ruinen im

Wald. Von anderen ist nichts, kein Körnchen mehr in der Landschaft zu entdecken – auf Luftbildern in einem der nahen Museen sieht man jedoch, was kein Wanderer mit eigenen Augen je erkennen könnte: den Verlauf einiger Grundmauern unterhalb der Erdkrume.

Röntgenbilder aus dem Stadium nach aller Zivilisation …

Ein einziges von dreitausend Häusern in der Umgebung ist unbeschädigt geblieben.

Sämtliche Dörfer auf beiden Seiten der Front waren von den Kriegsparteien zu kleinen Festungen ausgebaut worden. Zuvor hatte man die Bewohner evakuiert oder einfach mit ein paar Habseligkeiten davongejagt, andere waren beizeiten geflüchtet. Nur wenige sollen sich geweigert haben, ihre Heimat zu verlassen, Alte vor allem, die bereit waren, mit ihren Dörfern unterzugehen. Jede Ortschaft wurde mehrmals überrollt und vom Dauerbeschuß um- und umgezackert: das stattliche Ornes mit seiner Spinnerei und seinem weithin sichtbaren Kirchturm; das liebliche Fleury mit seinem Endbahnhof, auf dem in Friedenszeiten Holz, Fleisch oder Gemüse verladen wurde, um auf der »Tacot«, der »Bimmelbahn«, zu den Marktflecken geschickt zu werden; die wuchtigen Einödhöfe Thiaumont-Ferme und Chambrettes-Ferme, vor denen Vieh in den Walddriften graste; die Steinbrüche von Haudraumont, aus denen das Material für den Haus-, Straßen- und Gleisbau gebrochen wurde; die Kalk- und Ziegelbrennereien, die Waldseen mit ihren jagdbaren Wasservögeln, die Bauerngärten ... und, natürlich, all die gehegten und gepflegten Dorffriedhöfe, denen schon bald die Granaten ihre Toten wieder entrissen, um sie zwischen Freund und Feind durch die Luft zu schleudern.

In einem Bistrot bei dem ehemaligen Dorf Douaumont – etwa an dieser Stelle ging im Frühjahr 1916 Charles de Gaulle in Kriegsgefangenschaft – hängen an den Wänden einige Fotos, auf denen das Leben in den verschwundenen Ortschaften ins Bild gesetzt ist: Straßenszenen mit Menschen und Tieren, pfeifeschmauchenden Bauern, Kindern, alten Frauen mit Kopftüchern, Pferden an der Tränke, Hühnern und Gänsen, einer Dorfschmiede; Genrebilder vom Leben auf dem Lande, wie sie auch im alten Schwaben entstanden sein könnten.

Das Leben hier muß hart und schlicht gewesen sein: im Sommer große Hitze, im Winter große Kälte mit viel Schnee. Fast unablässig kommt Wind aus den Ebenen und bricht sich an den Höhen, die kaum über vierhundert Meter aufsteigen; Kriegsteilnehmer haben vom winterlichen »Eiswind« berichtet, der sie in ihren Gräben erstarren ließ. Nur in der Weinbergschlucht, die sanft am Ufer der fischreichen Maas ausläuft, kommt ein Hauch von Süden auf: Da sind einmal Trauben gewachsen. Doch sonst ist der Boden karg und nicht sehr fruchtbar; er weist die immergleiche graugelbe Farbe auf, die auch der später oft beschriebene »Verdunschlamm« hatte, in dem viele Soldaten erstickten … Von zahlreichen Bächen wird dieses sanfte Bergland, den Flüssen Maas und Orne zu, entwässert, munter springen sie durch die engen Waldtäler hinab, die hier Schluchten heißen – »ravins« –, grad als wäre man in den Alpen.

Die Bewohner vergaben in der ihnen vertrauten Landschaft nur die allernötigsten Gewann- und Geländenamen; bis die Kriegskartographen anrückten und das Gebiet mit Namen und Nummern spickten. Namen, die teils erfunden, teils der bäuerlichen Überlieferung abgelauscht waren und von den Soldaten beider Seiten während der Schlacht häufig zu wahrhaft sprechenden Namen umgeformt wurden – eine Mischung aus Bibel und Karl May. In peniblen Verdun-Reiseführern trifft man diese Namen darum immer zweisprachig an, und 1916 sind einige von ihnen um die Welt gegangen: »Froideterre« – »Kalte Erde«, »Mort-Homme« – »Toter Mann«, »Ravin de Brule« – »Brülle-Schlucht«, »Ravin de la Mort« – »Todesschlucht«, »Chemin du Loup« – »Wolfsweg«, »Ravin des Rattes« – »Rattenschlucht«, »Cote du Poivre« – »Pfefferrücken«, »Chemin des Obus« – »Granatenweg«, »Bois de la Douaire« – »Namenloser Wald«.

Die Landschaft nimmt einen festen Platz im *wahren* Gedächtnis des Krieges ein – das ist in Arnold Zweigs Roman »Erziehung vor Verdun« nicht anders als in Homers »Ilias«. Ich halte Zweigs Verdun-Buch, das 1935 im Exil erschien, für den besten deutschen Kriegsroman nach Grimmelshausens »Simplicissimus«, der vom Dreißigjährigen Krieg erzählt:

»Wie ein Trupp Pferde«, heißt es bei Zweig, »die ihre Hälse trinkend in den Fluß senken, traten die Maashöhen an das in Windungen strömende Gewässer. Sie entstammten als Ausläufer den Argonnen, diese Maashöhen, runde Kuppen oder Hochflächen. Grün war das Land, grün und reich an Bächen, die die Täler mit Sumpfwald füllten: zwischen hochstämmigen Buchen, Erlen und Eschen, im Unterholz aus allen blühenden Sträuchern und Dornen wühlte das Wildschwein, nistete die Ente. An den paar Verkehrswegen im gerodeten Hochland hatten sich Dörfer angesiedelt, waren Mühlen entstanden, die lothringischen Bauern, tätig und geschult, zogen Obst und Getreide, züchteten Vieh und Pferde. Das Land zwischen Mosel und Maas … Kelten, Römer und Franken hatten es gezähmt, günstig grenzte es an die grüne und weiße Champagne.«

Im Sommer 1916, fünf Monate nach dem Auftakt der Schlacht, ist hinter Verdun noch nicht jeder Landstrich zerstampft und zermörsert; aber der Krieg dehnt sich aus, er vertieft und verdichtet seine Wirkung. Werner Bertin, Zweigs Hauptheld, sieht das Unvermeidliche kommen; er ist Schriftsteller, stammt aus Berlin, ein jüdischer Deutscher so wie der Schlesier Zweig, mit dem er außerdem gemeinsam hat, als »Schipper«, sprich: unbewaffneter Armierungssoldat, ein kümmerliches, stets bedrohtes Dasein an der Front zu fristen.

Bertin hat sich für ein Stündchen im sommerlichen Fosses-Wald niedergesetzt, um »einen Schluck aus der Feldflasche, ein Stück Brot und eine Zigarette zu sich zu nehmen«:

»Schwere Hitze«, heißt es weiter, »zitterte über dem Talkessel, der gelbbraun an den blauen Himmel grenzt … Fahlgrau und zerfetzt steigt ein Abhang voll locker stehender Stümpfe hügelan. Zersplittertes Holz, weiß und ockerfarben, treibt noch grüne Blätter; mancher Stamm sieht noch wie eine geköpfte Buche aus, die meisten gleichen Skeletten, borstigen Pfählen, von Splittern und Gewehrkugeln über und über aufgenarbt. Blindgänger liegen walzenförmig zwischen Pflanzen oder strecken ihr rundes Hinterteil ins Licht. Mit grauen Fingern durchangelt altes Wurzelwerk die mächtigen Trichter; schief zur Erde gestürzt, riesige Erdschirme aufrichtend, verwittern die großen Bäume, deren Wipfel längst in den Boden getreten sind. Der kreidige Fels, der ausgestreute Humus, dunkelbraun, und das unermüdlich wuchernde grüne Blattwerk malen in drei Farben die Zerstörung: hier hat der Mensch in ein paar Monaten ausgerottet, was die Natur in Menschenaltern wachsen ließ. Nur in gewissen geschützten Ecken der Böschungen sind Stämme heil geblieben und spenden Schatten … Wie lange wird sich dieser Rest von Natur und Schöpfung am Abhang des Fosses-Waldes in Mond und Sonne halten? Diese glatten grüngefleckten Buchensäulen? Die neue Batterie wird schon dafür sorgen, daß auch dieses letzte Stückchen Pflanzenwuchs in das öde Chaos von Baumstamm, Erde und Buschwerk zusammenstürzt.«

Aber es fehlt noch etwas im Gesamtbild – es fehlt, was den Krieg erst hierher lockte.

Verdun war immer ein stark befestigter Ort. Die Gallier hatten mit dem Ausbau begonnen, die mittelalterlichen Stadtväter waren damit fortgefahren, der Fortifikations-Baumeister Vauban hatte der Stadt im 17. Jahrhundert endgültig den Charakter einer Groß-Festung verliehen – und nach dem für Frankreich schmachvoll verlaufenen Krieg von 1870/71, als das Land seine Ostgrenze durch ein zeitgemäßes Verteidigungssystem sichern wollte, wurde rund um die Stadt Verdun ein dreifacher Festungsring aus zwanzig Forts und doppelt so vielen Zwischenwerken, aus Depots, Tunnels, Artilleriestellungen, Bunkern, Unterständen sowie einem weitläufigen Grabennetz, gezogen. Als Frankreich aber im Kriegsjahr 1915 in Bedrängnis geriet und es andernorts an Mannschaft, Waffen und Munition fehlte, hielt seine Armeeführung sich an das Überangebot der Feste Verdun. Und als dann die Deutschen ein Jahr darauf – unerwartet – gerade hier vorstießen, traf der Schock tief; noch heute ist deshalb in französischen Veröffentlichungen zu lesen: »Der hauptsächliche Grund für den deutschen Angriff auf Verdun lag in der Vernachlässigung dieses Frontabschnitts.«

Trotzdem gelang der Überraschungscoup nicht.

Die Deutschen, die die Marne-Schlacht im September 1914 verloren und im folgenden Sitzkrieg nichts hinzugewonnen hatten, scheiterten vor Verdun. Später hieß es – wiederum so ein nachgelieferter Vorwand –, man hätte deutscherseits an der Maas durchbrechen können, wenn man nur gewollt hätte. Aber man habe andere Ziele verfolgt, vor allem das Ziel, den französischen Gegner »abzunutzen« und »auszubluten«, bis er am Ende aus Entkräftung vielleicht aufgab; den sieg-willigen deutschen Truppen hatten ihre Kommandeure von dieser Schlachthaus-Strategie freilich nichts verraten, sondern ihnen einen »Spaziergang nach Verdun« versprochen ...

Doch die Deutschen an der Verdun-Front waren nicht nur in *einer* Selbsttäuschung gefangen. So täuschten sie sich vor allem in den Soldaten von gegenüber, den »poilus«, die altpreußischer Kriegerhochmut sich nur feige und verweichlicht vorstellen konnte. In mehreren mörderischen und selbstmörderischen Frontalangriffen wollte es den deutschen »Landsern« aber nicht gelingen, sie zu überwältigen. Gleich mehrfach ist das Wutgeheul in den Wäldern bezeugt, das aufstieg, wenn hinter einer zerschmetterten französischen Batterie noch eine von zwei, drei Mann gehaltene Maschinengewehrstellung auftauchte; wenn der »Franzmann« also nicht getürmt war, sondern standhielt und Kontra gab. Oberbefehlshaber Pétain hätte sich seinen berühmt gewordenen Tagesbefehl vom 9. April 1916 – »Courage, on les aura!« – »Mut, wir packen sie!« schenken können, seine Soldaten, in ihren horizontblauen Mänteln, wichen auch ohne diesen Zuruf nicht zurück.

Was hat die Franzosen so stark gemacht?

Zuallererst das Wissen, daß sie sich im Abwehrkampf befanden, daß sie ihr von den Deutschen überfallenes Land verteidigten. Sie taten es nicht verbissen und fanatisch, sondern bedrückt und nüchtern.

»… da tauchen sie aus dem Nebel auf«, schreibt Arnold Zweig, »mit Sturmgepäck und Bajonett, und unterm Stahlhelm schwarzbraune Gesichter, kaffeebraune, hellbraune: Frankreichs Kolonialregimenter vom Senegal, der Somaliküste, aus Marokko. Und anderwärts die Bretonen, Südfranzosen, die Pariser von den Boulevards und die Bauern aus der Touraine. Allen ist Frankreich eine Mutter, alle wissen, sie verteidigen eine bescheidene Freiheit des Denkens und des Wollens, wenn sie den französischen Boden von den Eindringlingen befreien. Sie spielen keineswegs den begeisterten Krieger, fluchend und spottend klettern sie aus den Sturmstellungen, finster, mit zusammengebissenen Zähnen, blaß im Entschluß.«

Wohlgemerkt: Das entspricht nicht der Sicht nationalistischer deutscher Offiziere; es ist vielmehr die Erkenntnis des einfachen, aber verstandesmächtigen und halbwegs aufgeklärten Schipper-Soldaten Bertin. Auch die Angreifer, seine Kameraden, sieht Bertin mit Empathie, wenngleich kritischer:

»Überdruß stand ihnen auf die Stirnen geschrieben, sie machten keinen Hehl daraus, doch das würde sie nicht hindern, ihr Letztes herzugeben … Die (deutschen) Infanteristen sahen aus wie die abgetriebenen Herden des Todes, Fabrikarbeiter der Zerstörung; sie hatten alle die Gleichgültigkeit, die Industrie und Maschine dem Menschen aufpressen. Aber im Innern waren sie ungebrochen; ohne Begeisterung und ohne Täuschungen gingen sie nach vorn, getragen einzig von der Hoffnung, nach zehn Tagen wieder heil zurückzukommen. Und wieder vor und wieder zurück, bis eine Wunde sie ins Lazarett erlöste oder der Tod …«

Hier klingt Schlacht-Entscheidendes an: Die deutschen Soldaten, die »wieder vor und wieder zurück« müssen, wurden vor Verdun viel seltener von Ersatztruppen abgelöst als die französischen, nach kurzen Ruhepausen mußten sie abermals in die vordersten Linien. Pétain dagegen wechselte seine Einheiten nach dem »Schöpfrad«-Prinzip aus, keiner seiner Soldaten sollte insgesamt länger als acht Tage an dieser Front stehen – der Grund: »damit niemand das Gefühl erhält, man wünsche seinen Tod«. So kam es zwangsläufig dazu, daß beinahe alle französischen Divisionen mindestens einmal an der Verdun-Front kämpften; der Historiker Antoine Prost schreibt:

»Das ›Schöpfrad‹ hatte enorme Auswirkungen auf die Moral der Truppe. Es machte aus dem Kampf um Verdun eine Angelegenheit der gesamten französischen Armee. Und so ging es plötzlich um sehr viel mehr. Die Soldaten, die dort Stellung bezogen, rückten auf ein Terrain vor, das sie nicht kannten, das ihnen aber dennoch nicht unbekannt war, da sie viel davon gehört hatten. Bevor man die Schlacht tatsächlich erlebte, hatte man sie sich schon einmal vorgestellt, und die tatsächliche Erfahrung nährte ihrerseits wieder die kollektive Einbildungskraft. Verdun wurde für die Franzosen somit ein heiliger Ort, ein Ort des Opfers und der Weihe. Der Gang nach Verdun war wie eine Initiation, auf die man wartet, von der man nur vage Vorstellungen hat, die man fürchtet, aber der man nicht zu entkommen vermag.«

... der man nicht zu entkommen vermag

... vielleicht sind deshalb, an einem beliebigen Schlachttag, Hunderte von französischen Soldaten im Kasernen-Vorort Pavé an ihren grüßenden Offizieren vorbeigezogen in Richtung Verdun-Front: blökend wie die Schafe; einer hatte damit angefangen, die übrigen fielen ein. Sie wußten alle, daß sie unterwegs waren zur Schlachtbank, darum blökten sie – und gingen doch weiter ihren Weg.

»Hölle von Verdun« – »l'Enfer de Verdun«: Das ist ein Begriff aus dem Mund französischer Frontsoldaten, er entstand in den Nahkämpfen während der Monate April und Mai 1916.

Wie muß man sich diese Kämpfe vorstellen?

Im Stellungskrieg waren deutsche und französische Einheiten auf engstem Raum gegeneinandergedrückt, ineinander verkeilt, nicht selten ohne Gräben vorzufinden und oft genug gefährlich orientierungslos. Sie bekriegten sich mit Gewehren, Bajonetten und Handgranaten, mit Giftgas und – zuerst von den Deutschen eingesetzt – Flammenwerfern, während das Gelände gleichzeitig im nie endenden Feuer zweier Artillerien lag. Da oft keine Verbindung nach hinten bestand, waren die Soldaten von jeder Versorgung abgeschnitten. Schlimmer als der Hunger soll der Durst gewesen sein, aber wer aus Granatlöchern trank, brachte Leib und Leben in Gefahr.

In dieser Phase der Schlacht wuchs und wucherte heran, was die Überlebenden die unaussprechliche Erfahrung von Verdun genannt haben.

Doch es kam noch schlimmer, besonders für die Deutschen. Im Oktober 1916 erfolgte der französische Gegenangriff, der den Angreifer wieder in seine Ausgangslinien vom Februar zurückwerfen sollte, was schließlich auch gelang. Diese Offensive war der Anfang vom Ende der Verdun-Schlacht, und wenn die Deutschen mit ihrer Attacke einst hatten »Gericht« halten wollen, so erfolgte nun das Gegen-Gericht.

Arnold Zweig, der es erlebt hat, berichtet mit grausamer Genauigkeit:

»Ja, die Deutschen haben im Februar die Materialschlacht geschaffen; aber sie unterließen leider, sich ein Patent darauf zu sichern: längst haben die Franzosen sie übernommen, und nun meistern sie sie …

Bis zum 24. Oktober früh feuern die französischen Geschütze wie bisher. Dann setzt aus sechshundert Rohren Trommelfeuer ein, eine Wand aus Stahl, Explosion und Vernichtung stürzt auf die angegriffene Grabenzone. Plötzlich schweigt das Feuer, als stehe der Infanterieangriff nun endlich bevor, und achthundert deutsche Kanonen, über zweihundert Batterien, rasen los, dem vermeintlichen Angriff an die Kehle. Und das sollen sie. Längst sind sie in den französischen Artilleriekarten eingezeichnet, jetzt hat man sie, jetzt schlägt es auf sie ein. Granaten rasen in die Geschützstände, zerschmettern die Kanonen, reißen den Kanonieren Arme und Köpfe weg, wild krachend fahren die Geschoßstapel auseinander. Die Decken der Unterstände senken sich, Qualm erfüllt sie, ihre Stützen brechen, die Beobachter fallen aus den Wipfeln der Bäume oder werden wie Belag an die Wände ihrer Schlupflöcher geschmiert, zwischen Pfefferrücken und Damloup würgt der Tod die Würger, zerschlagen stählerne Beile die Granatschmieden.

Unvorstellbares haben die Deutschen bisher ausgehalten, diese geschwächten siebzigtausend Mann, ausgestreut und verloren im zertrommelten Gelände. Sie haben gehungert, sie haben bis zum Leib in wässerigem Schlamm gehockt, sie haben nicht geschlafen, das Fieber mit Aspirin bekämpft und ausgehalten. Jetzt gehen sie in Fetzen. Die Luft verwandelt sich in Donner, der gesetzmäßig auf sie niederschlägt in Form von krachenden Stahlzylindern, gefüllt mit Ekrasit. Unmöglich, die Gräben zu verlassen, unmöglich, darin zu bleiben, denn die Gräben bewegen sich, sie wogen, fahren zum Himmel auf und ergießen sich in immer neu geöffnete Höllenrachen.

Um elf Uhr vierzig setzt sich die französische Front in Bewegung, im dichten Nebel. An diesem Tag hat er sich nicht zu erheben geruht, milchweiß und undurchdringlich überlagert er die Erde … niemand erblickte die Sonne des 24. Oktober. Glasig und mit gebrochenen Augen liegen die deutschen Toten … zweiundzwanzig deutsche Bataillone werden hinweggefegt, bevor noch der Angriff ernstlich begonnen hat.

Mehr als man ausgehalten hat, kann das Vaterland nicht verlangen. Einzeln und in Gruppen werfen die Überlebenden die Gewehre weg, waten hinaus in Schlamm und Nebel, die Hände erhoben.

›Kamerad!‹ rufen sie, ›Kamerad!‹«

Im Jahr 1921 erging in Frankreich ein Gesetz, das vorschrieb, welche Spuren des Krieges unbedingt zu erhalten seien. In der Begründung hieß es, daß die »Narben Frankreichs« aller Welt sichtbar bleiben und von der »Größe des nationalen Opfers« künden sollten. Die Front war lang – allein zehntausend Kilometer Drahtverhau mäanderten durch das Land. Nun begannen die Mühen des Gedenkens und Erinnerns, und sie würden noch in Jahrzehnten nicht beendet sein; der Historiker Antoine Prost schreibt:

»Große Schlachten bleiben den Völkern ewig in Erinnerung, vor allem diejenigen, in denen der Wille zur Abwehr eines Aggressors zur Stärkung der eigenen nationalen Identität beiträgt. Gute Beispiele sind dafür im Altertum die Thermopylen und im letzten Weltkrieg Stalingrad. Insofern ist der Fall Verdun keineswegs einzigartig. Aber sein Studium ist deshalb für all jene doch nicht weniger interessant, die verstehen wollen, wie sich ein Ereignis zu einem Symbol wandeln kann und sich das nationale Gedächtnis auf einen einzelnen historischen Ort zu fixieren vermag.«

Der älteste Gedächtnisort auf dem Schlachtfeld von Verdun ist der »Bajonettgraben« – »Tranchée des Baionettes«. Er ist Originalschauplatz und Denkmal zugleich. Bei Kriegsende wurde hier ein zugeschütteter Schützengraben entdeckt, aus dem die Spitzen einiger Bajonette ragten. Man kann sie heute noch sehen, obwohl sie kaum größer sind als junge Pflanzentriebe. Ein niedriges Betondach wölbt sich darüber und schützt die dünne Erde gegen Wind und Regen. Doch stehen darunter tatsächlich tote französische Soldaten, »die schlafen, mit dem Gewehr in der Hand«, wie die Inschrift behauptet?

Historiker zweifeln daran schon seit den dreißiger Jahren.

Selbst wenn der Bajonettgraben erfunden wäre, er zeigt doch, was Soldaten in Verdun tausendfach widerfuhr: nämlich beim Beschuß mit größten Kalibern lebendig unter den in Bewegung geratenen Erdmassen begraben zu werden. Der Bajonettgraben führt vor Augen, was für grausame Tode in Verdun gestorben werden mußten. Das darüber errichtete Mausoleum, gestiftet von einem amerikanischen Millionär, wurde bereits kurz nach dem Krieg vom Präsidenten der Republik eingeweiht. Das Kreuz, das die Szenerie dominiert, verleiht den Toten den Nimbus von Märtyrern.

Hier dient das Gedächtnis ausschließlich dem Gedenken an den Opfergang der eigenen Soldaten. Für die andere, die deutsche Seite, ist darin noch kein Platz. Deutsches und französisches Gedächtnis sollten in Verdun noch lange unterschieden bleiben, so wie die Farben der Grabzeichen auf den Soldatenfriedhöfen unterschiedlich sind: schwarz für die Angreifer, weiß für die Franzosen und ihre Alliierten. Das änderte sich erst mit der Errichtung des »Ossuaire«, des »Beinhauses«, das zusammen mit dem Soldatenfriedhof von Douaumont die »Nécropole Nationale«, die Totenstadt von Verdun bildet.

Anfangs freilich vollzog sich die Verschmelzung des Gedenkens wider Willen:
Nach 1918 wird das Schlachtfeld gesäubert. Diese Arbeit ist innerhalb der einstigen »zentralen Feuerzone«, der »zone rouge«, am gefährlichsten. Deutsche Kriegsgefangene tragen die Hauptlast. Viele von ihnen kommen dabei um, werden bei Explosionen zerrissen oder gehen in den bis zu dreißig Meter tiefen Trichtern unter, die voll Wasser und Schlamm sind. Zugweise wird Kriegsschrott, darunter wertvollste Edelmetalle, abtransportiert; bis 1928 sollen es allein aus Verdun 50 000 Tonnen gewesen sein.

An der Schlachtfeld-Entrümpelung verdienen, auch in Deutschland, teils dieselben Leute, die schon an der Aufrüstung verdient haben.

Auch die Landschaft muß wiederhergestellt werden. Rings um Verdun sind 20 000 Hektar Land total verwüstet. Allein um die Kampf- und Laufgräben aufzuschütten, sind 30 Millionen Kubikmeter Erde nötig. Die Wiederaufforstung der Wälder zieht sich bis um 1990 hin; knapp zwanzig Jahre alt müßte jetzt, wenn das Auge des Wanderers nicht trügt, die jüngste Baumgeneration am »Chemin du Loup« sein. Nach den ersten Versuchen gedieh nur Krüppelholz; wieder und wieder wurde es gefällt, sein Wurzelwerk ausgerodet – dann folgte die nächste Bepflanzung, so lange bis die Bäume wieder aufrecht stehen konnten.

Acker- und Weideland dagegen ließen sich zum größten Teil nicht regenerieren, alles war von Gas, Öl und Leichen bis tief hinunter verseucht. So mußten viele Bauern, die hier einst gelebt hatten, auf die Heimkehr verzichten. Sie überließen ihren Boden dem Wald.

Bei der großen Säuberung der »Hölle von Verdun« traten unentwegt menschliche Überreste zutage, über zehn Jahre lang. Noch 1931 konnte Erich Kästner ein überaus realistisches Lied davon singen:

Auf den Schlachtfeldern von Verdun
finden die Toten keine Ruhe.
Täglich dringen dort aus der Erde
Helme und Schädel, Schenkel und Schuhe.

Über die Schlachtfelder von Verdun
laufen mit Schaufeln bewaffnete Christen,
kehren Rippen und Köpfe zusammen
und verfrachten die Helden in Kisten.

Und die Bauern packt das Grauen.
Gegen die Toten ist nichts zu erreichen.
Auf den gestern gesäuberten Feldern
liegen morgen zehn neue Leichen.

Zwischen Ähren und gelben Blumen,
zwischen Unterholz und Farnen
greifen Hände aus dem Boden,
um die Lebenden zu warnen.

Die verbliebenen Bewohner der Region flehten die Behörden um Hilfe an; sie fanden auch bei der Kirche Gehör. Bald wurde der Entschluß gefaßt, ein Sammelgrab anzulegen. So entstand das Beinhaus von Douaumont, das vorwiegend mit Spenden finanziert wurde und 1932 fertiggestellt war.

Offiziell sollte das »Ossuaire« eine rein französische Grablege sein. Doch wer konnte die Knochen von weit über 100 000 unidentifizierbaren Toten auseinanderdividieren? Stillschweigend bettete man sie in den Grüften zusammen. Vor allem älteren Franzosen, so kann man in Verdun noch hören, war die Vorstellung schwer erträglich, an diesem Ort gleichsam unterschiedslos zu gedenken. Doch ebenso ist zu hören, daß diese Sorge niemanden mehr plagt, seit Präsident Mitterrand und Bundeskanzler Kohl 1984 Hand in Hand vor dem Beinhaus gedachten und so den letzten Akt der deutsch-französischen Aussöhnung vollzogen.

Das Beinhaus besteht aus einem 46 Meter hohen Turm sowie einem flachen Querbau von 137 Metern Länge, über dessen Mitte der Turm aufragt. Von weitem entdeckt man seinen Symbolcharakter leicht: Der steinerne Turm ist einer Granate nachgebildet, aus der an der Vorderseite reliefartig ein Kreuz hervortritt; der Querbau legt sich vor das Auge wie ein Sperrwall, den die Deutschen im Krieg nicht überwunden haben.

Im ersten Turmgeschoß tritt man in ein Museum, das Schlacht-Funde aufbewahrt, persönliche Kleinode, die im Maschinenkrieg wundersamerweise nicht zermahlen wurden: Brillen, Brieföffner, Pfeifenköpfe; auch sie werden nicht in »deutsch« und »französisch« sortiert.

Überwältigend sind die täuschend raumechten Blicke auf das Schlachtfeld von 1916, die im selben Stock das Stereoskop freigibt – eine Art Kino mit stehenden Bildern. Man schaut wie durch einen Spion in die Vergangenheit und sieht Gräben, Granatlöcher, Drahtgewirr, Unterstände, dazwischen Lebende und Tote in Uniform, kurz: die ganze bemannte Kraterlandschaft, die sich in der Vorstellung mit dem Wort Stellungskrieg verbindet. Nachher, ganz oben, blickt man staunend über die wiedererstandenen Wälder hin, in denen inzwischen sogar Orchideen wachsen.

Außer den endlosen Bodenwellen, mit denen dieses Land für alle Zeiten gezeichnet ist, sieht man nichts mehr von der »säuischen Trichterwelt«, die Arnold Zweig beschrieben hat. Sein Buch fügt den »vues stéréoskopiques« des Museums weitere unverzichtbare Eindrücke hinzu; der Verdun-Besucher sollte es unbedingt mit sich führen. Zweig, der vor Verdun zum »Ohrentier« wurde, gibt die Schreckensmusik der Schlacht wider: »das »Brodeln« und »Brocken« der Geschosse, das »hemmungslose Brüllen des gemarterten Fleisches«, den Fiepgesang der Ratten, die sich an totem Fleisch mästeten. Ebenso die Dünste, die über diesen Kalvarienberg »am Rande der Menschheit«

zogen: von Essensresten, Kot, frischem Blut und Verwesung. Auch erzählt er von den Orientierungsversuchen beklommener Neuankömmlinge in den enthaupteten, qualmenden Wäldern. Die Vergehen an der Natur: Zweig hat sie in die Kriegsschuld der Menschen aufgenommen.

An der Seite des Schriftsteller-Zeugen wird der Leser gleichsam zum Archäologen der Schlacht. In Erdnähe erwirbt er intime Kenntnisse des Geländes. Aber auch den Stationenweg der Gleichnisse durchwandert er. Mit dem Armierungssoldaten Bertin steht er gebannt vor einem denkwürdigen Wegweiser, der in die Feuerzone zeigt: der verlederten Leiche eines französischen Soldaten mit ausgestrecktem Arm, der von einem Granatsplitter an einen Baum gespießt ist. Und mit zwei Schippern sucht er Schutz in einem Trichterloch:

»Sie sitzen«, heißt es im Buch, »auf einer dicken Eisschicht, wie sie meinen, aber da irren sie. Sie sitzen vielmehr auf der Grundfläche eines Eiskegels, dessen Spitze nach dem Mittelpunkt der Erde hinzeigt, und in dem, geknäuelt wie eine Frucht im Mutterleibe, ein deutscher Soldat eingefroren und tot dem nächsten Tauwetter entgegenschläft.«

Ein altes Motiv der Kriegsliteratur tritt da zutage: der *globus versatus*, die »verkehrte Welt«. Und dieses Motiv will sagen – bei Zweig wie bereits bei Grimmelshausen: Mit dem großen Krieg sprengt der Mensch sich selbst aus der Mitte der Schöpfung heraus. In Zweigs Roman ist es nicht mehr die göttliche, sondern die vernünftige Ordnung, die auf den Kopf gestellt wird. Die totale Weltverdrehung, der Tod der Vernunft, der Rückfall in ein voraufklärerisches, ja, vorkopernikanisches Zeitalter – all das wäre als Preis zu benennen, den die Gattung Mensch für den Superlativ »Verdun« zu bezahlen hat; darum lautet der erste Satz des Buchs:

»Die Erde ist eine gelbgrün gefleckte, blutgetränkte Scheibe, über die ein unerbittlich blauer Himmel gestülpt ist wie eine Mausefalle, damit die Menschheit den Plagen nicht entrinne, die ihre tierische Natur über sie verhängt.«

Doch vielleicht das Wichtigste: Mitten in der Schlacht entdeckt Zweig die Macht des Unbewußten – und davor beginnt er sich zu fürchten. Von sich selbst sagt der Autor, daß er vom Schlachtfeld »als zerstörte, vom Krieg bis in ihre Urgründe hinein aufgerissene Person« zurückgekehrt sei. Jahre mußten vergehen, bevor Zweig, geboren 1887, über Verdun schreiben konnte, und er hat sich dazu auch der Deutungsmacht der Psychoanalyse bedient. Deshalb weiß er so gut um die unbewußte Wirkung des Geschehenen; im Roman heißt es: »Alles, was diese Leute erleben, gleitet durch die Schichten des überwachten Inneren in die Unterströmungen, Hohlräume und tiefen Gewölbe. Von dort aus wird es spuken und stören, bald oder später.«

Stören und spuken: vielleicht erst in den nächsten

oder übernächsten Generation … etwa in der, die in den dreißiger Jahren erwachsen wurde und der man einhämmerte: »Der nationalsozialistische Geist ist in den Trichtern von Verdun geboren worden« … man wundert sich dann nicht mehr, daß so viele der verrücktesten Nazi-Führer in Verdun Soldaten gewesen waren: Hermann Göring, Rudolf Heß, Ernst Röhm.

In Frankreich wird gern von »Geschichtskultur« gesprochen, ein Wort, das hierzulande nicht gebräuchlich ist. Zur französischen »Geschichtskultur« gehört eine differenzierte und sensible Wahrnehmung von Orten. So wurde der »Lieux de Mémoire«, der Erinnerungsplatz »Schlachtfeld Verdun«, zugleich ein Ort des Geschehens *und* eine geweihte Stätte. Profan-Historisches und Heiliges vermischen sich hier; hinter dem Kriegsereignis wird Höheres spürbar: der Opfergang, der Lebensverzicht, die selbstlose Hingabe von Hunderttausenden; eine religiöse oder quasi-religiöse Empfindsamkeit soll beim Besucher angesprochen werden.

Auf diese Weise kann Frankreich sich seiner selbst aber nur an einem Ort wie Verdun erinnern: Hier war es im Recht! Auf den Schädelstätten seiner Kolonialkriege, in Vietnam oder Algerien, wäre das unannehmbar.

Das Mémorial von Fleury ist nach dem Beinhaus und dem Bajonettgraben der jüngste Gedächtnisort. In den sechziger Jahren von Veteranen als Begegnungsstätte gegründet, hat es bis heute einen Wandel durchlaufen, den man auf den Nenner bringen könnte: vom Gedenken zum Erinnern und Verstehen.

Im Mémorial ist das Phänomen »Verdun« endgültig von den Zeitzeugen an die Nachgeborenen übergegangen. Französische Schulklassen wandern durch die Räume, von ihren Lehrern eingewiesen und zur Ruhe angehalten. Einzelbesucher beugen sich auf die Vitrinen hinab, um ja nichts zu übersehen. Das ausgebreitete Material ist vielfältig. Es reicht von durchschossenen Münzen bis zum Kampfflugzeug, das von der Decke hängt. Waffen, Helme und Uniformen sind aufgeboten; zerbeulte Eßgeschirre, Flammenwerfer der Marke Eigenbau, Trittfallen aus Stacheldrahtstücken, Medizingerät von den Verbandsplätzen; auch ein großer Granatsplitter, der sich bei näherem Hinsehen als Glockenfragment aus dem planierten Dorf Fleury erweist; ein zerborstenes Bahngleis, Feldflaschen, Schulterklappen, Beinschienen, Uhren ...

Diese Nahrung für Herz und Hirn ist so reichhaltig, daß man vermutet, die Museumsmacher hätten unter der Angst gelitten, den Kampf um Anschaulichkeit zu verlieren und die Wahrheit zu verfehlen. Wo wäre das verständlicher als hier! Andererseits scheinen sie befürchtet zu haben, sich im Dschungel der Details zu verirren, von denen jedes einzelne zu viele Reize aussenden, dadurch den Betrachter ablenken und um ein gerechtes Gesamtbild bringen könnte.

Wohl deshalb prallt man mittendrin plötzlich auf das mahnende Wort:

»Es gibt keine Poesie der Hölle!«

Im Mémorial ist das Gedächtnis der Schlacht nicht nur zweisprachig, sondern auch zweistimmig geworden. Alles wird in doppelter Perspektive erzählt, hier deutsch, da französisch – doch ohne daß der gravierendste aller Unterschiede verwischt würde, nämlich wer der Aggressor war und wer nicht. Die Verdun-Schlacht ist aber so entsetzlich gewesen, daß dieser Unterschied für die Dauer der Erinnerung an das gemeinsame Frontsoldaten-Elend als belanglos erachtet wird.

Diese Großmut ist der »Solidarität« mit den deutschen Kombattanten entsprungen, die Maurice Genevoix aus der Einzigartigkeit der Verdun-Erfahrung gewonnen hat …

Und vielleicht darf man sich darum als nachgeborener Deutscher auch zu eigen machen, was der Historiker Antoine Prost über Verdun und die nationale Erinnerung der Franzosen schreibt:

»Es ist keine Episode unter vielen anderen, sondern der unüberschreitbare Punkt, an dem der Patriotismus des 19. Jahrhunderts in einem ungeheuren, so über- wie unmenschlichen Opfergang seinen Höhepunkt, aber auch seinen Abschluß findet. Deshalb kann die kollektive Vorstellung Verdun weder vergessen noch wirklich verstehen. Im Gedenken an dieses Ereignis betritt sie deshalb das eigengesetzliche Reich des Geheimnisvollen.«

Der faszinierendste Platz für Deutsche ist auf diesem Schlachtfeld seit jeher Fort Douaumont gewesen. Und zwar aus dem einfachen Grund, daß dieser betongraue, grasbewachsene, gezackte Wehrbau von einem Kilometer Umfang sich zwischen Ende Februar und Ende Oktober 1916 in deutscher Hand befunden hat. 50 000 Deutsche sollen allein in den Kämpfen um diesen Klotz gefallen sein. Fort Douaumont ist das Kernstück des Abwehrrings rund um die Feste Verdun – die Kesselpauke für die schwere Artillerie beider Seiten, je nachdem, wer gerade drin saß.

Ja, in der Heimat wurde der Douaumont (zusammen mit dem »Toten Mann«) zum beherrschenden Mythos des Ersten Weltkriegs. Und besonders in der Nazi-Zeit köchelten auf seiner Flamme trübe Heldenlegenden. Den Hauptmann Brandis, der das Fort angeblich eingenommen hatte, kannte in Deutschland jedes Kind. Für seinen Coup soll sogar ein Dorf nach ihm benannt worden sein …

Im Fort von Douaumont kamen am 8. Mai 1916 fast tausend deutsche Soldaten ums Leben. Der Kriegsbericht unterschlug die Wahrheit (erst Arnold Zweig reichte sie in seinem Verdun-Buch in aller Drastik nach): Die vorwiegend bayerischen und brandenburgischen Infanteristen hatten, in einem Seitenstollen ausruhend, um Kraft für den Sturm auf Fleury zu schöpfen, einen Munitionsunfall verursacht. Es war nicht unüblich unter den Feldgrauen, Handgranaten aufzuschrauben, ihr leicht brennbares Zündpulver zu entnehmen, es zu entzünden und darüber Kaffeewasser zu kochen … Diesmal ging es schief – und all die Soldaten im Stollen starben in den Detonationen der herumliegenden Minen und im Feuer des dort ebenfalls gelagerten Flammenwerferöls. Nur dreihundert Tote konnten nach draußen geschafft werden, weil das Fort unter starkem Beschuß lag. Der Raum mit den übrigen 679 Leichnamen wurde tags darauf von einem Pioniertrupp zugemauert.

Er wurde zum Friedhof erklärt und ist bis heute nicht wieder geöffnet worden: eine Massen-Grabkammer hinter den dicksten Schutzwällen Frankreichs.

Sie erinnert an den nicht weit entfernten Bajonettgraben.

Auf welche Arten Soldaten in Verdun zu Tode kamen …

Im Tunnel vor der Mauer hat man einen Altar errichtet. Die Luft riecht nach Keller und Katakombe. Das spärliche Licht flackert. Wasser sickert aus den Rissen im Gewölbe. Fort Douaumont drückt dem Besucher nicht nur auf die Augen, sondern auch auf die Ohren. Die Blumen auf dem Altar dürften in diesem Klima nicht lange überdauern. Schon eher die Kränze, die Bundeswehr-Kameradschaftsverbände aus mehreren alten und neuen Bundesländern davor niedergelegt haben, mit schwarz-rot-goldenen Schleifen. Niemand hat etwas dagegen einzuwenden … es ist die deutsche

Ecke des Forts, über dem jedoch, wie um alle Zweideutigkeiten zu zerstreuen, die Tricolore flattert.

Verdun hat dem Krieg zwar nicht den Garaus gemacht, aber das menschliche Wissen um den Krieg schmerzhaft erweitert, ebenso die Sprache, auch die Zeichensprache, in der fortan des Krieges und seiner Opfer gedacht wurde: an der Grenze menschlicher Ausdrucksfähigkeit.

Ein besonders augenfälliges Beispiel dafür ist das Kriegerdenkmal auf dem »Toten Mann«, das bereits um 1930 für die Gefallenen der 69. französischen Division errichtet wurde. Es fällt aus aller Tradition: kein Heldenpathos, kein Siegerjubel, nur finsterer Trotz und Tod, nirgends ein Gott – so sah man es in Frankreich und wandte sich entrüstet ab. Doch das Denkmal steht noch immer, und wenn der Trupp mit dem Sandstrahlgerät da war, und es gereinigt hat, ragt es weiß wie ein Engelsflügel in den Himmel.

Es ist der »Tote Mann« selbst, der hier verkörpert wird: knappe fünf Meter hoch, ein Knochenmann, mit einem Totenschädel und hervortretenden Rippen, nur die beiden Arme sind die Arme eines Lebenden: stark, sehnig – und mit geballter rechter Faust greift der Knochenmann in die Höhe, um dort sein eigenes Leichentuch festzuhalten, so als wolle er es gleich von hinten über sich ziehen. Im linken Arm hält er das Feldzeichen seiner Einheit und preßt es gegen die

Schulter; es ist umwickelt mit Tuch – die französische Fahne vielleicht –, und aus dem üppigen Faltenwurf entrollt sich das Leichentuch, mit dem der »Tote Mann« im Begriff ist, sich zu bedecken.

So wurde aus dem Ortsnamen ein Sinnbild des unaussprechlichen Kriegs.

Auf dem Denkmalsockel steht: »Ils n'ont pas passé« – »Sie sind nicht durchgekommen«. Auch diese Worte, im Grunde nur eine nüchterne Feststellung, erzeugen weder ein Siegesgefühl noch den Wunsch nach Heldenverehrung. Der »Tote Mann« greift keinen schon bekannten Denkmalstil auf, sondern stiftet einen eigenen: Es dürfte kein Zufall gewesen sein, daß das »Ils n'ont pas passé« im Spanischen Bürgerkrieg – auch er ein Volkskrieg – ein starkes Echo gefunden hat im »No pasaran!« – »Sie werden nicht durchkommen!« der Republikaner, die gegen Francos Faschisten kämpften.

Und noch ein anderer, wichtigerer und weltweit nachgeahmter Totenkult wurde aus den Erfahrungen der Verdun-Schlacht gewonnen: »der Unbekannte Soldat« – »le Soldat Inconnu«. Verdun, die erste Material- und Maschinenschlacht der Geschichte, hat Abertausende von unidentifizierbaren Leichen hinterlassen. Ebenso wie die Vermißten erlegten sie dem bisher üblichen militärischen Totengedenken ein kaum lösbares Problem auf. Doch Frankreich wollte, mußte es lösen. So setzte bereits 1920 eine öffentliche Debatte ein, an der sich auch Intellektuelle beteiligten, unter anderem der Schriftsteller Henri de Jouvenal, der den Vorschlag machte, unter den anonymen Toten des Weltkriegs einen auszuwählen, ihn aber nicht »in der Einsamkeit des Panthéon einzuschließen«, sondern unter den Bögen des Arc de Triomphe zu bestatten, also im öffentlichen Raum, einem Raum, »der dem Himmel offenstand«, wie der Autor schreibt.

Die französische Regierung ordnete an, daß acht unbekannte, aber eindeutig französische Gefallene von den meistumkämpften Frontabschnitten Verduns wieder ans Tageslicht geholt und eingesargt wurden. Die Särge bahrte man in der Zitadelle der Stadt auf, und ein ehemaliger Kriegsfreiwilliger namens Auguste Thin hatte zu wählen, welcher dieser Toten in Paris der Unbekannte Soldat werden sollte. Er legte seinen auf dem Schlachtfeld gepflückten Blumenstrauß auf den Sarg Nummer sechs; für den entschied er sich, indem er die Quersumme aus der Nummer seines Regiments – 123 – bildete, wie er später mitteilte.

Es war ein toter französischer Soldat aus Fort Douaumont.

Er wurde im Sarg in die Hauptstadt verfrachtet, für ein paar Wochen in einer Kapelle beim Triumphbogen abermals aufgebahrt und schließlich in die Erde gelegt. Die für ihn leuchtende ewige Flamme kam erst später hinzu, um, so die regierungsamtliche Verlautbarung, »über den Unbekannten zu wachen, der in seiner Anonymität und Einsamkeit größer ist als alle Marschälle und Generäle, deren Namen in den Triumphbogen eingemeißelt sind«.

Dem amerikanischen Schriftsteller William Faulkner erschien diese symbolische Bestattung des Einen für alle Anderen reichlich fragwürdig, bigott und wohl auch riskant, weshalb er in seiner Passionsgeschichte »Eine Fabel« aus dem Jahr 1954 das Geschehen umerzählt: *Sein* Unbekannter Soldat ist ein französischer Korporal, der von den eigenen Leuten als Deserteur erschossen wurde; ein paar gute Kameraden haben ihn in den Sarg geschmuggelt, der am Ende unter dem Triumphbogen begraben wird …

Der deutsche Journalist Theodor Wolff teilte Faulkners Unbehagen begreiflicherweise nicht. Er war überzeugt, daß nur eine demokratisch-egalitäre Nation die Gedenkfigur des Unbekannten Soldaten erfinden konnte. Wo Nationalisten das Sagen hatten, wie im Dritten Reich, hätte das nie geschehen können, denn, so Wolff, »sie hätten schließlich befürchten müssen, einen Juden oder einen Sozialdemokraten zu ehren«.

Man sieht an diesen Beispielen, daß das Gedächtnis der großen, alle Vorstellungen übersteigenden Schlacht brüchig, unvollkommen und widersprüchlich bleibt – und auch mißbraucht werden kann!

Dennoch wollen Menschen nicht davon absehen, sich erinnern zu müssen.

Literatur: German Werth, Verdun. Die Schlacht und der Mythos, 1979; Kurt Fischer/Stephan Klink, Spurensuche bei Verdun. Ein Führer über die Schlachtfelder, 2005; Horst Rohde/Robert Ostrovsky, Militärgeschichtlicher Reiseführer Verdun, 1996; Jacques-Henri Lefebvre, Die Hölle von Verdun. Nach den Berichten von Frontkämpfern, 1965, neu 1997 (veröffentlicht vom Mémorial in Fleury); Paul C. Ettighoffer, Verdun. Das große Gericht, 1936; Neuausgabe mit einem Nachwort von Maurice Genevoix, 1976 (Auszüge aus diesem Buch waren in Frankreich zeitweise Schullektüre); Antoine Prost, Verdun, in: Pierre Nora (Hg.), Erinnerungsorte Frankreichs, 2005. Die hier ausgiebig zitierte Ausgabe von Arnold Zweigs Roman »Erziehung vor Verdun« ist 2001 im Berliner Aufbau-Verlag erschienen und umfasst 583 Seiten.

2009

»Ich bin der Feind, den du erschlugst, mein Freund«

Krieg und Kriegstrauma bei den britischen Truppen an der Somme – aus dem Blickwinkel von *war poets*

Ein Vortrag

für Frieder Riedel
in memoriam

Harry Patch – so hieß der letzte britische Teilnehmer am Ersten Weltkrieg, der 2009 im Alter von 111 Jahren starb und sich in seinem Erinnerungsbuch »the last fighting Tommy« nannte. Mit 18 war er in den Krieg gezogen, als MG-Schütze, und kämpfte bis zu einer schweren Verwundung in Frankreich und Belgien. Jahrzehnte später sollte er schreiben:

»Ich habe nie verstehen können, warum mein Land mich von meiner friedlichen Arbeit rufen und mich dazu ausbilden konnte, nach Frankreich zu reisen und einen Mann zu töten, der mir völlig unbekannt war. Warum kämpften wir? Das habe ich mich oft gefragt. Am Ende des Krieges wurde der Frieden am runden Tisch ausgehandelt, warum zum Teufel konnten sie das nicht am Anfang machen, ohne Millionen von Männern zu verlieren?«

Großbritannien hat während des Ersten Weltkriegs vor allem in drei Schlachten die meisten Soldaten verloren: 1916, in der Somme-Schlacht, 420 000; 1917, in der vorletzten Flandern-Schlacht, 275 000; 1918, in den Kämpfen, die dem Durchbruch bei Amiens folgten, noch einmal 350 000. Allein in diesen drei Schlachten sind mehr als eine Million Briten getötet und verwundet worden oder galten danach als vermißt.

Wofür? Das war vielen Kriegsteilnehmern, so etwa Harry Patch, zeitlebens nicht klar. Freilich, man hatte Bündnisverpflichtungen, vor allem Frankreich und Rußland gegenüber. Auch die Verletzung der belgischen Neutralität durch die Deutschen konnte nicht hingenommen werden. Deutschland galt in Großbritannien schon seit Jahrzehnten als Bedrohung, und ein gewonnener Kontinentalkrieg hätte dem Kaiserreich auf Jahrzehnte hinaus die Hegemonie in Europa gesichert – selbst die Kanalküste wäre dann unter deutsche Vorherrschaft geraten. Das überfallene Belgien eignete sich indes am besten, mit einem Wort der Historikerin Annika Mombauer, als »Propagandavehikel«. Nichts brachte mehr junge Briten dazu, sich freiwillig zu den Waffen zu melden, als jene Greueltaten, die von deutschen »Hunnen« oder »Barbaren« – angeblich oder wirklich – am unschuldigen belgischen Opfer begangen wurden. So erschien in Großbritannien der heraufziehende Krieg schnell auch als einer zwischen Gut und Böse, als heiliger Krieg oder Kreuzzug für die Sache der Freiheit und der Menschlichkeit, als schiere Zivilisierungs-Mission, so wie bereits der Burenkrieg fünfzehn Jahre zuvor, ungeachtet seiner Grausamkeit.

Es war ebenfalls der Burenkrieg, der auf der Insel das Bild des Soldaten veränderte. Bis dahin hatte die Armee ein schlechtes Image besessen, zumal sie als Sammelbecken der Unterschicht galt. Im Krieg am Kap jedoch waren, zum ersten Mal in einem Kolonialkrieg, auch Freiwillige aus der Mittel- und Oberschicht zum Einsatz gekommen, was zur Heroisierung des Soldatenbilds beitrug und unter den nachwachsenden Eliten eine Welle militärischer, ja, militaristischer Begeisterung auslöste. Der Staat wußte das zu nutzen: 1907 wurden an allen Universitäten des Landes die »Officer Training Corps« eingerichtet, die bereits während der Studienzeit mit der Offiziersausbildung begannen – und schon zwei Jahre darauf, 1909, waren »Military Studies« überall sogar zum Prüfungsfach geworden. Dreißig Prozent der ungeprüften Studenten von Oxford besuchten 1911 die paramilitärischen Kurse, und Cambridge durfte sich 1913 damit rühmen, unter allen britischen Hochschulen die meisten Offiziere für die reguläre Armee hervorgebracht zu haben. »Diese Führungsposition im militärischen Bereich wurde ein immer wichtigerer Bestandteil im Selbstbild vieler *Cambridge men*«, wie Sonja Levsen schreibt, die eine vergleichende Studie über Tübinger und Cambridger Studenten zwischen 1900 und 1929 veröffentlicht hat, unter dem Titel: »Elite, Männlichkeit und Krieg«. Übrigens, auch die zusehends stärker empfundene deutsche Gefahr soll bereits lange vor dem Krieg bewirkt haben, daß sich immer mehr Studenten dem »Officer Training Corps« ihrer Universität anschlossen. Die Ausbildung in diesen Einheiten noch vor dem eigentlichen Wehrdienst hatte auch zur Folge, daß später an der Westfront auffallend viele britische Feldkommandeure von sehr jugendlichem Alter zum Einsatz kamen, Zugführer im Rang von Oberleutnants, Kompanieführer im Rang von Hauptleuten, die allesamt kaum zwanzig Jahre alt waren, junge Männer wie Charles Sorley oder Robert Graves, von denen noch die Rede sein wird. Graves, im Oktober 1915 Hauptmann geworden, erklärte das Phänomen später so:

»(Bei manchen Bataillonen) wurden Subalterne, die früh eingetreten waren, sehr schnell befördert, weil die Bataillonsstärke sich verdreifacht hatte und das Bataillon nun dreimal soviel Hauptleute haben durfte … (So war ich denn) zum Hauptmann befördert, im Alter von nur zwanzig Jahren und über die Köpfe älterer Offiziere hinweg, die viel länger an der Front gewesen und besser ausgebildet waren als ich.«

Die Eliten, vor allem Wirtschafts- und Bildungsbürger mit akademischem Abschluß, waren in der britischen Armee folglich überrepräsentiert, die Einheit, in der Captain Graves diente, die Royal Welch Fusiliers*, sollte gar als »poets battalion«, als Dichter-Bataillon, in die Geschichte eingehen. Entsprechend viele Namen von Gutsituierten und Hochgebildeten fanden sich alsbald auch in den Verlustlisten. Ein paar schnöde Zahlen: Die durchschnittliche Gefallenenrate der britischen Armee im Ersten Weltkrieg betrug zwölf Prozent; die Todesrate unter den Cambridge- und Oxford-Studenten aber war mehr als doppelt so hoch (nur knapp darunter die Zahl der gefallenen deutschen Studenten, während die Zahl der im Krieg umgekommenen Angehörigen der École Normale Supérieure in Paris bei unerhörten fünfzig Prozent lag ...).

Wer von den höheren britischen Bildungseinrichtungen in den Krieg zog, tat es in der Regel freiwillig. Besonders die kulturellen Eliten traten mehrheitlich als Gegner der Wehrpflicht auf – diese passe nicht zur *Englishness*, zu der einmal eine althergebrachte Vorstellung von Freiheit gehörte, zum anderen eine Idee der Pflicht, die der persönlichen Moral entstammte, nicht dem *common sense*. Deutsche Vorstellungen von Unterordnung, blinder Disziplin oder gar Kadavergehorsam nahmen sich in diesen Kreisen abstoßend fremd aus. Nicht minder der Zwang zu politischem Einheitsdenken. Als im Tübingen des Jahres 1914 die Volksgemeinschaft an die Stelle der Klassengesellschaft treten sollte, in der abweichende Sichtweisen nicht geduldet wurden – »Burgfrieden« auf schwäbisch –, waren in Oxford und Cambridge nach wie vor unzensiert kriegskritische Meinungen erlaubt. Partei zu sein und eigenständig zu denken, galt immer noch als selbstverständlich und wurde respektiert; Nation und Demokratie gingen in Großbritannien auch weiterhin Hand in Hand, und ich frage mich, ob es Zufall gewesen ist, daß am Ende die bei weitem demokratischere Nation zu den Siegern zählte?

Doch bei allen Unterschieden, eins hatten die deutschen und britischen Eliten bei Kriegsbeginn gemein: Beide schätzten den Krieg, der sie erwartete, grundfalsch ein: die deutschen Studenten mythologisierten und heroisierten ihn im Wunsch nach männlicher Bewährung, die britischen verharmlosten ihn zum »war game«, zum Kriegsspiel, das man mit standesüblichem Sportsgeist glaubte bestehen zu können.

Ich werde im folgenden dem Kriegserlebnis dieser Eliten nachspüren – nicht, weil es besonders kostbar und herausgehoben wäre, sondern weil seine literarische Verarbeitung längst als besonders aussagekräftig und repräsentativ gilt, so wie der große Historiker John Keegan es in seinem Buch »Das Antlitz des Krieges« formuliert hat:

»Die Erfahrung der Westfront, deren entscheidende Phase an der Somme stattfand, hat bei der sie erlebenden Generation eine umfangreiche Literaturproduktion ausgelöst. Viel Poetisches war darunter, und die Gedichte wurden als erstes veröffentlicht, zum großen Teil noch während des Krieges. Eben weil sich (diese Erfahrung) zuallererst in Gedichtform äußerte, einer literarischen Form, die der Leserschaft den dokumentarischen Wert vorenthielt, hatte sie nur vorübergehende Wirkung; genauer gesagt: Sie brauchte, um bleibend zu wirken, eine gewisse Untermauerung in Form der Prosa, eine Bestätigung in gewöhnlicher Sprache, daß das, was (diese Dichter aus den Schützengräben) zu sagen hatten, nicht persönlich und subjektiv, sondern Ausdruck der Empfindungen einer ganzen Generation war. Einer *ganzen Generation* ist freilich zu viel gesagt … Aber die schweigende Mehrheit der Kriegsgeneration erkannte in ihren Versen doch wohl eine Wahrhaftigkeit, der sie ihr Plazet geben konnte.«

Doch nicht nur diese schweigende Mehrheit, so möchte ich hinzufügen, sondern auch jene, denen das Fronterlebnis unbekannt war – oder gar wir, die Nachgeborenen, die es sich zur Pflicht gemacht haben, nicht zu vergessen …

Ich trage nun, um Ihnen einen ersten Eindruck zu verschaffen, einige Gedichte vor. Das erste stammt von Robert Graves, wurde 1916 während der Somme-Schlacht geschrieben und heißt »A Dead Boche« – »Ein toter Deutscher«:

Für euch, die meine Kriegsgesänge lesen
Und Ohren nur für Blut und Ehre haben,
Ich will euch sagen (was ihr sicher schon gehört):
Krieg ist die Hölle! Auch wenn ihr's bezweifelt …
Heut fand ich, dort, im Wäldchen von Mametz,
ein gutes Mittel gegen jeden Durst auf Blut:

Da, an zerborst'nem Strunk,
in Dreck und großem Durcheinander
saß angelehnt ein toter Boche, stinkend und mit bösem Blick.
Klamotten und Gesicht, aufgeschwemmt von Naß und Grün,
geduns'ner Bauch, bebrillt, das Haar gestutzt
schwarz tröpfelte das Blut aus Bart und Nase.

Eine Bestandsaufnahme von fast journalistischer Nüchternheit; bemerkenswert, daß hier der Feind ins Blickfeld kommt, der indessen gar nicht als Feind erscheint, genau wie Charles Sorley ihn bereits wahrgenommen hatte in seinem letzten Gedicht, bevor ein deutscher Scharfschütze ihn erwischte; dort heißt es:

Sieger und Besiegte, sie sind eins im Tod:
Feigling und Held: Freund auch und Feind …

Oder, ebenfalls nicht lange vor seinem Ende an der Front, nur eine Woche vor dem Waffenstillstand, Wilfred Owen, der in Großbritannien als der Bedeutendste unter den »poets of the Great War« gilt, in seinem Poem »Strange Meeting« – »Seltsame Begegnung«, übersetzt von Joachim Utz. Darin treffen sich – im Massengrab! – ein deutscher und ein britischer Soldat; doch wer von beiden spricht, bleibt offen:

Ich bin der Feind, den du erschlugst, mein Freund.
Im Dunkeln gar erkenn' ich dich: So hat dein Haß
durch mich hindurchgestiert, gestern, beim Todesstoß.
Ich wehrte mich, doch meine Hände waren kalt und willenlos.
Laß uns jetzt schlafen …

Mitleid, so Owen, sei der Antrieb seiner Kriegslyrik – in seinen Worten: »The Poetry is in the pity« –, was ihm von kunstverliebten Patrioten und erfahrungsfernen Ästheten gleichermaßen verübelt wurde. Verübelt als gar zu starke Empathie, die den Krieg – *diesen* Krieg der Maschinen und des Massensterbens – längst als eine gemeinsame, sozusagen grabenübergreifende Erfahrung zu sehen gelernt hatte, als Krieg, der keinen echten Sieger kennen würde. Dennoch, sie wußten gleichfalls um die Unterschiede zwischen den Kriegsparteien, diese jungen britischen *war poets*, wußten, wer hier für was kämpfte. So auch wiederum Charles Sorley, als blutjunger Hauptmann gefallen, ein *Cambridge man*, der gut Deutsch konnte und in Jena studiert hatte, als der Krieg ausgebrochen war; die letzte Strophe seines Gedichts »To Germany« – »An Deutschland« lautet:

Wenn Friede herrscht, seh´n wir uns wieder
mit neugebor'nen Augen und wahrhaftiger denn je
und staunen. Reifer nun für Liebenswürdigkeit und Wärme,
ergreifen fest wir unsre Hände und lachen über unser altes Weh,
Wenn Friede herrscht ... bis dahin aber Sturm,
Finsternis und Donnergrollen und ein Strom von Regen.

Nach diesem Zwischenspiel einige grundsätzliche Bemerkungen: Anders als die französische hat die britische Weltkriegserfahrung in Deutschland keinen großen Anklang gefunden, übrigens auch in Frankreich nicht; bis heute ist sie eine kaum erschlossene Ressource abendländischen Kriegswissens geblieben, das mir indes so unentbehrlich scheint wie das homerische nach Troja. Wenn ich mich nicht täusche, dann war an den Fronten des Ersten Weltkriegs nirgends so viel kulturelle Kompetenz vertreten wie an den britischen – daher die mannigfaltigen Früchte, die von so vielen hochbegabten und gebildeten jungen Männern auf den Feldern des Todes geerntet wurden. Nirgends als in ihren Texten sind Krieg und Kriegserfahrung dichter beschrieben und höher reflektiert worden. Trotzdem, ich greife wohl kaum daneben, wenn ich sage, daß neun Zehntel der Kriegslyrik aus Großbritannien nie ins Deutsche übersetzt wurden, Gedichte von Autoren, deren Namen auf der Insel einen ausgezeichneten Klang haben, hierzulande aber so gut wie nicht bekannt sind: außer den bereits zitierten etwa Rupert Brooke, gefallen 1915, Edward Thomas, gefallen 1917, oder Isaac Rosenberg, gefallen 1918.

Besser steht es nur um die Hauptwerke der Kriegs-Erinnerungsliteratur, die Bücher von Robert Graves oder Richard Aldington etwa, auch wenn sie – erschienen auf deutsch um 1930 – heute großteils vergriffen sind. Die hier vorgestellten Gedichte habe ich aus dem genannten Grund beinah alle selbst übersetzt, für den heutigen Anlaß, doch da ich kein professioneller Übersetzer bin, eher in dokumentarischer als literarischer Absicht, zum Beispiel meist unter Weglassung der Reime.

Eine Ausnahme gibt es immer, und sie überragt oft alles: Ich spreche von Robert Cedric Sherriffs Bühnendrama »Journey's End« – »Ende der Reise«, einem quasi-dokumentarischen Theaterstück, das in einer britischen Grabenstellung bei St. Quentin spielt, also an der Somme-Front, und in seiner hoffnungslosen Endzeitstimmung stark an Remarques »Im Westen nichts Neues« erinnert. Ein klaustrophobes Drama aus Erdlöchern, das minutiös den Frontalltag kurz vor Kriegsende darstellt – Verzweiflung, Selbstmord, unterdrückte Furcht und Feigheit, keinerlei Siegerstimmung – und von Thomas Manns Freund Hans Reisiger ins Deutsche übertragen wurde, unter dem Titel: »Die andere Seite«. Schon damals also, im Sommer 1929, muß der Wunsch hellhöriger Zeitgenossen groß gewesen sein, die ausgeblendete britische Kriegserfahrung den Deutschen mit ostentativem Fingerzeig nahe zu bringen. Fünfzehn Auflagen erlebte die deutsche Ausgabe dieses Stücks allein bis zum Winter 1930. Gleichzeitig wurde es in 13 Ländern gespielt, und im Londoner »Apollo Theatre« verkörperte Laurence Olivier in zahllosen Vorstellungen die Hauptrolle des Kompanie-Chefs Stanhope. Auch ein junger deutscher Kriegsgefangener kommt in Sherriffs Drama vor, ein Württemberger, ausdrücklich, der sich in aller Seelenruhe weigert, den Briten Kriegsgeheimnisse zu verraten. Autor Sherriff selbst, Jahrgang 1896, war drei Jahre Soldat gewesen und 1917 schwer verwundet worden. Am Ende versinkt seine britische Grabenwelt in deutschem Granatfeuer. Regieanweisung für das Schlußbild: »Finsternis im Unterstand, da und dort glüht der rote Morgenhimmel durch die zackigen Löcher im verschütteten Eingang.«

Das dokumentarisch wertvollste, literarisch gleichwohl großartige Buch über den Ersten Weltkrieg hat Ende der zwanziger Jahre in Großbritannien der bereits mehrfach zitierte Robert Graves vorgelegt; es heißt im Original »Good-bye to All That«, zu deutsch: »Strich drunter«, firmiert in Deutschland bis heute als Roman und ist, wenn ich recht sehe, derzeit nur noch antiquarisch zu haben. Ich kenne kein zweites Buch, in dem mehr über die britische Kriegserfahrung zu lernen wäre. Der Autor war, 1895 in Wimbledon geboren, bei Kriegsbeginn bereits ein nicht unberühmter Dichter sowie passabler Boxer gewesen, und sein voller Name lautete: Robert von Ranke-Graves, sprich: seine Mutter war eine Deutsche, die Tochter nämlich Heinrich von Rankes, eines Bruders des preußischen Historikers Leopold von Ranke, der als Revolutionär des Jahres 1848 aus Deutschland geflohen war und sich wie Karl Marx in London niedergelassen hatte, wo er übrigens sein Medizinstudium zu Ende führen konnte; von der Vaterseite her war Graves protestantischer Ire mit Wurzeln in der Grafschaft Limerick.

Sein Buch wimmelt nur so von kostbaren Ironien und Selbstironien, die bis ins Defaitistische reichen und die Schilderung weitgehend freihalten von den Auswirkungen herrschender Ideologien sowohl der Kriegs- wie auch der Nachkriegszeit. Mit anderen Worten: »Good-bye to All That« rechnet gründlich auch mit der gesamten eigenen Herkunftskultur ab, der »protestantischen Ethik führender englischer Schichten«, wie der Autor selbst es ausdrückt, läßt sich in keinem Moment zu antideutschen Tiraden hinreißen – Zitat: »Ich bewundere meine deutschen Verwandten. Sie haben edle Grundsätze, sind umgänglich, freigiebig und ernsthaft.« –, zerstreut aber gleichzeitig jeden Zweifel daran, daß er als Soldat und Offizier allzeit versuchte, dem Feind Schaden zuzufügen. Ich glaube, er war ein gefährlicher Gegner, zumal er auch noch wie Sorley gut Deutsch sprach! Ja, gefährlich – obwohl Graves nach eigenem Bekunden an der Front täglich mindestens eine Flasche Whisky brauchte, um seine Angst niederzuhalten, und überdies behauptet, im Krieg nicht eine einzige Tat begangen zu haben, die einen Orden wert war. In der Somme-Schlacht wurde Graves schwer verwundet, so schwer, daß man ihn für tot hielt und liegen ließ; als er wieder unter den Lebenden weilte, konnte er – welch seltenes Vergnügen – in der »Times« einen Nachruf auf sich lesen! Woraufhin er im selben Blatt die folgende Anzeige aufgab: »Hauptmann Robert Graves, Königliche Welch-Füsiliere, amtlich ›infolge Verwundung gestorben‹, teilt seinen Freunden mit, daß er sich im Königin-Alexandra-Krankenhaus von seiner Verwundung erholt.«

Mit leicht geschwärztem Humor hebt auch sein Buch bereits an:

»Meine Größe ist mit sechs Fuß, zwei Zoll angegeben, Augen grau, Haare schwarz. Dem ›schwarz‹ müßte eigentlich noch ›dicht und lockig‹ hinzugefügt werden. Im weiteren heißt es, ich hätte ›keine besonderen Kennzeichen‹, was nicht stimmt. Zunächst wäre da meine große, ehemals hakenförmig gebogene Nase, die ich mir in Charterhouse – seinem College – brach, als ich törichterweise Rugby mit Fußballern spielte. Dadurch leicht angeschlagen, wurde sie durch einen Fausthieb vollends schief. Schließlich versuchte sich ein unfähiger Militärarzt an ihr, und seither hat sie als senkrechte Grenzlinie, zwischen der linken und rechten Seite meines Gesichts, die von Natur aus schon nicht zusammenpassen, ausgedient. Augen, Brauen und Ohren sind auffallend unsymmetrisch placiert, meine Wangenknochen sitzen reichlich hoch, jedoch nicht auf gleicher Höhe. Mein Mund ist, was man ›voll‹ nennt und mein Lächeln verkniffen …

Meine komischste Nummer verdanke ich einem Becken mit Gummigelenken. Ich kann auf dem Tisch sitzen und damit wie die Fox Sisters den Takt klopfen. Eine Schulter ist wegen Verletzung der Lunge deutlich niedriger als die andere. Ich trage keine Uhr, weil ich ständig die Hauptfeder magnetisiere. Als während des Kriegs der Befehl ausgegeben wurde, daß alle Offiziere eine Uhr zu tragen und die Uhrzeit täglich zu vergleichen hätten, mußte ich jeden Monat zwei neue kaufen. Medizinisch gesehen, bin ich ›kerngesund‹.«

Robert Graves ist, soweit ich sehe, der einzige literarische Chronist des Ersten Weltkriegs, der auch humorvoll über das von ihm Erlittene schreiben kann – eigentlich unvorstellbar! Sein Witz stammt, kaum zu verkennen, aus dem englischen Understatement und soll jedwedes Pathos dämpfen; genauso weiß Graves jedoch, wann Humor unangebracht ist. Im großen ganzen möchte ich diesen Briten mit deutsch-irischer Ader einen Schüler des großen barocken Kriegserzählers Grimmelshausen nennen, von dessen »simplizianischer« Grundhaltung er zumindest die Neigung zu – dezenter – Komik, teils auch Satire übernommen hat, mit der das Grauen eingedämmt werden kann. Wohlgemerkt, es ist derselbe Robert Graves, der sich weigerte, sein schweres Kriegstrauma behandeln zu lassen, weil er fürchtete, dadurch die Quelle seiner poetischen Inspiration zum Versiegen zu bringen.

Graves war ein erbitterter Gegner der Wehrpflicht gewesen und als 18-jähriger Schüler »aus Abscheu gegen den Grundsatz des unbedingten Gehorsams« zeitweise wieder aus dem Offiziers-Ausbildungskorps seines Colleges ausgetreten. Im August 1914, als Großbritannien Deutschland den Krieg erklärte, meldete er sich freiwillig – »um des Krieges willen«, nicht wegen der militärischen Laufbahn. »Von meinen Altersgenossen an der Schule«, schreibt Graves, »ist mindestens jeder dritte gefallen, die meisten von ihnen in der Infanterie und im Fliegerkorps, da sie alle die erstbesten Offiziersposten angenommen hatten, die ihnen angeboten worden waren.« Anfangs mußte er deutsche Kriegsgefangene und internierte Ausländer bewachen, dann –

»niedergeschlagen«, wie er zugibt – ausharren in einem Ersatzbataillon. Wiederum durch sein Box-Talent überzeugte er einen Vorgesetzten, ihn so schnell wie möglich an die Front zu schicken, erreichte vor Jahreswechsel 1914/15 die Westfront, wurde zuerst in der Gegend von Béthune, noch weit nördlich der Somme, eingesetzt und nahm schließlich als Hauptmann – seit Oktober 1915 – mit seiner walisischen Einheit an einem der südlichen Frontabschnitte, grob gesagt, zwischen Mametz, Frise und Bouchavesnes, im Jahr darauf an der großen Somme-Schlacht teil.

Weitere Schlaglichter auf Graves' Kriegserlebnisse:

Als er im Graben einen Toten findet, fragt er seine Leute: »Was ist los, weshalb hat er Stiefel und Strumpf ausgezogen?« »... um mit der Zehe sein Gewehr abziehen zu können.« Die Mündung steckte in seinem Mund. »Weshalb hat er das getan?«

»Er war beim letzten Vorstoß dabei, Sir, und das hat ihn etwas konfus gemacht, dazu hat er schlechte Nachrichten (von daheim) bekommen, über sein Mädchen und einen anderen Kerl.«

»... vergessen Sie nicht, an seine Familienangehörigen zu schreiben, den üblichen Trostbrief ... schreiben Sie ihnen, er sei den Soldatentod gestorben ... Ich werde es nicht als Selbstmord melden.«

»Ein Kerl vom Munster-Regiment wünschte sich einen Heimatschuß. Also winkt er über die Grabenwehr dem Fritz zu, um ihn auf sich aufmerksam zu machen. Nichts passiert. Er wedelt ein paar Minuten lang mit den Armen in der Luft. Nicht ein Schuß. Er ... stellt sich auf den Kopf und pendelt mit den Beinen hin und her, bis ihm das Blut in den Kopf steigt. Nicht einen Schuß gab der alte Fritz ab. ›Oh!‹, sagte der Munster-Mann, ›ich glaube, da drüben ist kein einziger verdammter Quadratschädel. Wo ist die deutsche Armee abgeblieben?‹ Er guckt über die Wehr, knack! Kugel in den Kopf. Finis.‹«

»Vor einem Unternehmen legen die Leute eines Zugs alles Bargeld in einen Topf, und die Überlebenden teilen es nachher unter sich auf. Die Gefallenen können sich nicht mehr beklagen, die Verwundeten hätten weit mehr dafür gegeben, daß sie noch einmal davongekommen sind, und die Unverletzten betrachten das Geld als Trostpreis für das Hierbleibenmüssen.«

»Wenn eine deutsche Patrouille auf einen Verwundeten traf, schnitt sie ihm mit ziemlicher Wahrscheinlichkeit die Kehle durch. Das Bowie-Messer war eine beliebte Waffe deutscher Patrouillen, weil es keinen Lärm machte. Wir zogen den Totschläger vor, einen mit Blei beschwerten Stock. Wenn es also nicht möglich war, einen Verwundeten der Gegenseite mitzunehmen, ohne sich in Gefahr zu bringen, mußte man ihm seine Abzeichen nehmen. Um dies schnell und geräuschlos zu tun, konnte es nötig sein, ihm vorher die Kehle durchzuschneiden oder (eben) den Schädel einzuschlagen.«

»Nur einmal unterließ ich es, einen Deutschen, den ich gesichtet hatte, abzuschießen … Ich lag auf Scharfschützenposten … Er befand sich in der dritten Linie und war dabei, ein Bad zu nehmen. Der Gedanke, auf einen nackten Menschen zu schießen, war mir unangenehm; also reichte ich das Gewehr dem Feldwebel neben mir … Er traf, aber ich war nicht dageblieben, um zuzusehen.«

Die Deutschen schicken den Briten Post über das Niemandsland hinweg – eingerollte Zettel in entschärften Gewehrgranaten; darauf ist zu lesen:

»Wir, die deutschen Korporale, wünschen Euch englischen Korporalen einen guten Tag und laden Euch für heute abend zu einem guten deutschen Essen mit Bier und Kuchen ein. Euer kleiner Hund lief zu uns herüber, und wir sorgen für ihn. Er bekam bei Euch kein Futter, deshalb rannte er zu uns. Antwort bitte auf demselben Weg.«

Verbrüderungen dieser Art nennt Graves ausdrücklich »keine Gefühlsduselei, sondern … Austausch von Höflichkeit zwischen den Offizieren gegnerischer Armeen.«

Die Briten nehmen per Megaphon Kontakt zu den Deutschen auf, um so vielleicht herauszufinden, wie stark die vordersten deutschen Gräben besetzt sind:

»›Wie geht's Ihnen, Kameraden?‹

Irgendwer rief hocherfreut zurück:

›Ach, Tommy, hast Du inzwischen Deutsch gelernt?‹

Das Schießen hörte auf. Eine Unterhaltung begann. Ein Deutscher rief herüber, (daß die Mädchen der Umgebung überaus entgegenkommend seien). Unser Sprecher wollte aber nicht über Sex reden. Lieber erkundigte er sich nach dem Befinden des Kaisers. Man antwortete, daß er sich bester Gesundheit erfreue, danke der Nachfrage!

›Und wie geht's dem Kronprinzen?‹

›Der Kronprinz kann uns gestohlen bleiben!‹, rief jemand auf englisch. Er wurde sofort von seinen Kameraden zum Schweigen gebracht. Nach einem Durcheinander … fingen sie an, die *Wacht am Rhein* zu singen. Der Graben schien in der Tat sehr gut besetzt zu sein.«

»Sobald es dämmerte, gingen wir hinaus, um die Verwundeten zu bergen. Wir waren die ganze Nacht beschäftigt. Ich kann mich nicht erinnern, währenddessen auch nur einen Schuß gehört zu haben. Dann schossen (die Deutschen) ein paarmal zur Warnung, und wir gaben auf. Bis dahin hatten wir alle Verwundeten und die meisten Gefallenen geborgen.«

»In ›Bereitschaft‹ wurden täglich Höflichkeitsschüsse zwischen den MGs ausgetauscht. Indem wir an einigen Stellen Patronen aus dem Gurt entfernten, konnten wir den Rhythmus des bekannten Prostituiertenrufs herausklopfen: ›TRIFF mich – UN – ten – in PICC – a – DILL – y‹, worauf die Deutschen … antworteten: ›JA – und OH – ne UNTERHOSE‹.«

»Jetzt war ich fünf Monate im Graben und hatte meinen Höhepunkt überschritten. In den ersten drei Wochen war ein Offizier kaum zu gebrauchen, er war noch nicht ortskundig, kannte die Lebens- und Sicherheitsregeln noch nicht und hatte noch nicht gelernt, die verschiedenen Grade von Gefahr zu unterscheiden. Zwischen dem dritten und dem vierten Monat war er auf seinem Höhepunkt, sofern er nicht einen besonders bösen Nervenschock erlitten hatte. Danach nahm seine Verwendbarkeit in dem Maße ab, wie sich die Neurasthenie allmählich ausbildete. Nach sechs Monaten war er immerhin noch halbwegs tragbar. Doch wenn er dann nicht einige Wochen Ruhe bekam …, wurde er (spätestens) nach zehn Monaten eine Last für andere Kompanieoffiziere. Und nach einem Jahr war er oft mehr als unbrauchbar. Dr. Rivers erklärte mir später, daß die Tätigkeit (der Schilddrüse) für dieses Nachlassen der militärischen Tauglichkeit verantwortlich ist. (Mehr und mehr) verrichtete der Soldat seinen Dienst im Zustand von Apathie und Betäubung, wobei sein Körper ihm Ausdauer vortäuschte. Bei mir hat es ungefähr zehn Jahre gedauert, bis mein Blut sich erholte.«

Ich darf wiederholen: Zehn Jahre hat es laut Graves gedauert, bis sein Blut sich erholte. Oder seine Psyche – zehn Jahre, bis der Körper, die Nerven, das Unbewußte alle Eindrücke des Krieges an das bewußt zugängliche Gedächtnis weitergaben. Viele Schriftsteller, die, egal auf welcher Seite, am Krieg teilgenommen hatten, waren vor Ablauf dieser langen Frist nicht imstande, über ihn zu schreiben, das ist mehrfach bezeugt. Auch gesellschaftlicher Druck drängte das Erlebte zurück. Als Robert Graves nach dem Krieg eine Lehrtätigkeit in Oxford übernahm, wurde er streng darauf verpflichtet, dort nicht von seinen Kriegserlebnissen zu sprechen. *The war* sollte vergessen werden! Doch nach zehn Jahren war die Latenzzeit, wie Psychoanalytiker sagen, herum, und überall in Europa setzte ein Kriegserinnerungs-Boom von ungeahntem Ausmaß ein. 1929, wie schon erwähnt, ist auch Graves' Buch erschienen, in dessen zweitem Teil von einem weiteren Dichter und Offizier erzählt wird, den ich Ihnen jetzt vorstellen will, und der ebenfalls ein bedeutender Chronist der britischen Kriegserfahrung an der Somme war: Siegfried Sassoon, völlig anders temperiert als sein Freund Graves, weit aggressiver in Ton und Empfindung, auch neun Jahre älter, und als Soldat jenen Typus verkörpernd, den man in England »Mad Jack« nennt, also einen, der – rein aus innerem Antrieb und gegen bestehende Befehle – bei Nacht und alleine zum Feind hinüber, ihn auskundschaften, verwirren oder auch töten mußte. Schockieren wollte Sassoon, vor allem mit seinen Versen, am liebsten die ganze Nation, die in emotionaler Trägheit nicht wahrzunehmen in der Lage war, was ihre Söhne an der Front litten, etwa in dem Gedicht »Blighters«, was so viel heißt wie: Mistkerle, Schurken oder Stinkstiefel, von Agnes Peth-Steimel aber freundlicher mit »Heimatfront« übersetzt wird; das Gedicht lautet:

Das Varieté ist voll, sie wiehern, brüllen
Begeistert, während Hurenreihen lärmen,
Die Beine werfen und den Kehrreim schrillen:
»Der Kaiser muß für uns're Tanks doch schwärmen!«

Jetzt müßt' ein Tank sich durch die Logen graben
Zum Takt der Jazzmusik und »Home, sweet Home«,
Daß sie vor euren Witzen Ruhe haben,
All die zerfetzten Leichen von Bapaume.

Sassoon war der Sproß einer alten englisch-jüdischen Familie, deren Mitglieder einst als Sepharden eingewandert und ins Handelsbürgertum aufgestiegen waren. Seinen Vornamen Siegfried verpaßte ihm seine glühend wagnerianische Mutter, und als er während des Kriegs aufgefordert wurde, diesen wohl deutschesten aller Männernamen vorübergehend fortzulassen, soll er nur gesagt haben: »Wär' ich ein Mädchen geworden, hätt' ich Brünhilde geheißen.« Wie Graves diente er in der Elitetruppe der Royal Welch Fusiliers und machte vom ersten Tag an die Somme-Schlacht mit. Sassoon ist, soweit ich sehe, der erste europäische Dichter, der bewußt und hochreflektiert das Trauma zum Gegenstand seiner Kriegslyrik erhob. Wie kein Zweiter zerstörte er mit den Gedichten seines schon 1918, noch während des Kriegs, erschienenen Bandes »Counter-Attack« – »Gegenangriff« – die menschheitsalte Illusion vom süßen und ehrenreichen Tod im Feld. Ein Jahr zuvor bereits, während einer ersten Trauma-Therapie und nachdem er sein »Military Cross« (eine der höchsten britischen Kriegsauszeichnungen) in den Fluß Mersey geworfen hatte, schrieb er das Gedicht »Survivors« – »Überlebende«:

Kein Zweifel, bald geht's ihnen besser;
Schock und Strapaze
Machen sie stammeln und zerreißen ihre Rede.
Sie verlangen natürlich, »wieder hinauszugehen«, –
Diese Jungs, mit ihren alten, leidenden Gesichtern,
die grad das Laufen lernen.
Schon bald vergessen sie ihre qualvollen Nächte,
ihr ängstliches
Kuschen vor den Geistern ihrer toten Kameraden, –
Ihre Träume, die triefen vor Mord; stolz werden sie sein
Auf den glorreichen Krieg, der ihren Stolz zerschmetterte …
Männer, die in die Schlacht zogen, grimm und glücklich;
Kinder, mit Augen, die dich hassen, gebrochen und wirr.

Halluzinationen, Angst- und andere Erregungszustände, schlafraubende Gewaltträume – fast durchweg bedichtet Sassoon die Symptome einer sogenannten posttraumatischen Belastungsstörung, die zur Zeit des Ersten Weltkriegs noch Kriegsneurose oder *shell shock* hieß und die europäischen Gesellschaften auch im folgenden Frieden lange beschäftigen sollte. Eine solche Nervenzerrüttung war auch sein Leiden; als einer der ersten in der britischen Armee wurde er dagegen behandelt und nutzte, ermutigt von seinem Arzt, auch die Poesie als Heilmittel.

Mit entsprechenden Symptomen wurde Sassoon 1917 ins Craiglockhart War Hospital, Schottland, eingewiesen und dort von dem Militärpsychiater Dr. William H.R. Rivers in Behandlung genommen. Dieser auch psychoanalytisch geschulte Arzt ermutigte seinen Patienten, die anbrandenden Gefühle des Schreckens, der Schwäche, der Scham, auch der Selbstverleugnung nicht zu verdrängen, sondern anzunehmen und sie im Gedicht gewissermaßen zu protokollieren, zu memorieren und zu reflektieren. Sassoon hat sich mutig darauf eingelassen und kehrte später sogar an die Front zurück, obwohl er den Krieg längst als sinnloses Schlachten erkannt hatte. Und er überlebte ihn.

Seine Einweisung in die Psychiatrie – Kamerad Graves hatte dabei kräftig nachgeholfen – war allerdings auch ein geschickter Schachzug, diesen in jeder Hinsicht draufgängerischen Leutnant der im übrigen sehr harten britischen Militärgerichtsbarkeit zu entziehen. Denn Sassoon hatte im Juli 1917 als aktiver Soldat und unter voller Namensnennung einen Aufruf veröffentlicht, der die sofortige Beendigung des Kriegs forderte und überall die Runde machte; er lautet wie folgt:

»Diese Erklärung gebe ich ab in einem Akt bewußter Mißachtung der militärischen Autorität, da ich glaube, daß der Krieg, von denjenigen, die ihn beenden könnten, absichtlich verlängert wird.«

Der Krieg, einst ein Verteidigungs- und Befreiungskrieg, sei zu diesem Zeitpunkt längst einem »Angriffs- und Eroberungskrieg« gewichen. Die Kriegsziele, die ihn, Sassoon, sowie unzählige andere junge Männer veranlaßt hätten, sich freiwillig zu melden, wären von nun an nicht mehr gegeben. Statt zu kämpfen, solle sein Land in Verhandlungen eintreten, um den Krieg rasch zu beenden; Sassoon fährt fort:

»Mein Protest richtet sich nicht gegen die Kriegsführung, sondern gegen die politischen Irrtümer und Heucheleien, denen die Frontkämpfer geopfert werden ... Ich glaube auch, daß meine Aktion dazu beitragen kann, die Gleichgültigkeit und Selbstzufriedenheit zu beenden, mit der die meisten Menschen in der Heimat die fortdauernden Schrecken betrachten, die sie nicht erleben und die sich vorzustellen ihre Phantasie nicht ausreicht.«

Sein Feindbild sind die »war mongers« – Kriegstreiber – sowie »yellow pressmen« – Zeitungshetzer – auf der eigenen Seite. Die andere Seite, die Deutschen, spricht Sassoon im Gedicht, und zwar in makellosem Oden-Versmaß, so an:

O German mother dreaming by the fire,
While you are knitting socks to send your son
His face is trodden deeper in the mud …

O deutsche Mutter, die du träumst am Feuer,
derweil du Socken strickst für deinen Sohn,
wird sein Gesicht noch tiefer in den Dreck getreten …

In »Siegfried's Journey«, seinem Erinnerungsbuch von 1945 – dem einzigen, das zusammen mit einer Handvoll Gedichte auf deutsch übersetzt ist –, berichtet Sassoon von einem wahrhaft britisch-bizarren Erlebnis, das er noch zu Kriegszeiten und nicht lange nach seinem Aufruf hatte: Er wurde zu Churchill, damals Munitionsminister, in dessen Amtssitz eingeladen. Das wäre grad, als hätte der Kaiser, Hindenburg oder Bethmann Hollweg einen deutschen Anti-Kriegslyriker wie Alfred Vagts, Wilhelm Klemm oder Edlef Köppen von der Front zu sich bestellt! »Winston«, wie Sassoon sagt, zitierte auswendig und mit voller Anerkennung Gedichte aus »Counter-Attack«. Eine volle Stunde saßen die beiden zusammen. Nur an der kriegskritischen Haltung seines Gastes sowie an dessen Friedensaufruf nahm er, wenn auch freundschaftlich, Anstoß. Sassoon schreibt:

»Im Zimmer auf und ab schreitend, eine dicke Zigarre im Mund, hielt er mir eine Verteidigungsrede auf den Militarismus als Mittel der Politik und treibende Kraft zu herrlichen Einzelleistungen auf allen Gebieten des Fortschritts. Er rühmte mit Nachdruck die Leistungen seines Ministeriums und schilderte die Aufgaben, die es zur schnelleren Vernichtung des Feindes noch zu erfüllen hätte. (Als sein Sekretär eintrat und ihn unterbrechen wollte), ließ Winston sich in seinen Ausführungen nicht stören. (Doch) ob er wohl ganz im Ernst sprach, als er sagte, daß der Krieg die ›normale Beschäftigung des Menschen‹ sei? Und seine Feststellung selbst sogleich durch den Zusatz einschränkte: ›Krieg – und Gartenbau!‹ Es war unverkennbar, daß er den Krieg zu den schönsten Tätigkeiten auf Erden zählte.«

Ob Sassoon, Graves, Sorley oder Owen – die britischen Kriegsdichter haben sich selbst noch bei der Darstellung extremster Erfahrung allesamt einer zwar stark verdichteten, aber noch mitteilend-einfachen Sprache befleißigt, einer Sprache, die am Ziel der Erfahrungsvermittlung ausgerichtet bleibt und sich nicht dem modernen Minenkrieg unterwarf. Da wurde keine Form zersprengt, so wie in der deutschen Kriegslyrik des Expressionismus, da wurde nicht experimentiert und destruiert – eine menschenmögliche Erfahrung sollte auch weiterhin das Gedicht beherrschen. Mir scheint, daß die *war poets* hierin Söhne Shakespeares waren, ausgestattet mit einem großen, wenn nicht grenzenlosen Vertrauen in die Sagbarkeit alles Menschlichen. Ich möchte Sie dennoch auf einen ihrer Vertreter aufmerksam machen, der dem Kriegserlebnis einen höchst eigenwilligen Ton abgelauscht hat und wohl die engste Verwandtschaft mit deutschen Kriegsdichtern seiner Generation aufweist: Edmund Blunden, geboren 1896,

Oxford man, der sich noch im ersten Kriegsjahr freiwillig meldete, obwohl er schwerer Asthmatiker war, und im Rang eines »Second Lieutenant« – »Unterleutnant« – beim Royal Sussex Regiment seit August 1916 an der Somme-Schlacht teilnahm. Blunden ist der einzige der hier aufgeführten britischen Kriegsteilnehmer, der an der Somme württembergischen Einheiten gegenüberstand; Ortsnamen wie Authuille, Thiepval, Beaumont-Hamel sind seiner Literatur geläufig; die deutschen Gräben an der Somme nennt er »solid wie Pyramid(en)«, das »kalte und klare Strömen des blauen Ancre« erscheint ihm mitten in der Schlacht »als Segen«; und im »winzigen« St. Pierre Divion entdeckt seine Truppe unter der Erde ein »enormes Labyrinth« und darin, gut geschützt, zweitausend deutsche Soldaten. Leider ist kein einziger Satz, kein Vers von alledem ins Deutsche übersetzt. Was Soldaten erlebten, wenn sie vorrückten und feindliche Stellungen einnahmen – wohl der einzig mögliche Sieg im Stellungskrieg, doch tags darauf vielleicht schon wieder verloren – hat Blunden in einem Gedicht auf »the Old German Line« – »die alte deutsche Frontlinie« – festgehalten; ich habe versucht, es zu übersetzen und seine Sprachdichte zu erhalten:

Kümmerliche Schleier Mondlicht plagten unsre Augen
Mit starren und mit jagend wilden Truggebilden
Der Seele und der Erde in Todeskrämpfen

Ein bös gekrümmter Knochenmann
Den Naß und Trocken ganz zernagt
Wünschte noch immer uns den Untergang;

Noch pfiff es kreuz und quer von zuckend Blei
Oder knallt' wie Peitschenhiebe über Kopf;
Die grauen Fetzen steppten auf den Toten.

Edmund Blundens Hauptwerk heißt »Undertones of War« – »Untertöne des Kriegs« – und spürt noch den feinsten Verästelungen der Kriegserfahrung im Gedächtnis nach; doch auch deren Niederschlag im Unbewußten, das Weiterwachsen und Weiterwuchern darin, werden mit avancierten Kunstmitteln untersucht. So bieten die »Undertones« sich in keiner Weise als Kriegsepos zur Lektüre an, sondern wollen mitsamt allen biblischen und antiken Anspielungen, mit aller Idyllik, die indes als Kontrastmittel nur den Eindruck des Grauens verstärken soll, als poetische Erinnerungskunst entziffert werden; gerade darum gelten sie heute als Meisterwerk der englischen Kriegsliteratur aller Jahrhunderte. Welcher Autor wäre auf die Idee gekommen, die heile Rückkehr von einem mörderischen Vorstoß gegen die Schwabenfeste mit dem Satz zu beschließen: »Wir wurden empfangen wie Lazarus einst.« Sprich: nach seiner Wiedererweckung von den Toten …

Die Zeit nach 1918 gilt in Großbritannien als dunkle Zeit; das Schwarz der Trauer bestimmte das Bild des Landes in der Öffentlichkeit, jenes Schwarz, das die Hinterbliebenen der vielen Kriegstoten trugen. Besonders quälend in ihrem Schmerz muß die Unsicherheit gewesen sein, die auch der zu Beginn bereits zitierte junge Kriegsheimkehrer Harry Patch fühlte, nämlich: warum und wofür dieser Krieg von den Briten geführt worden war? Eine Unsicherheit, die sich allein schon darin ausdrückte, daß niemand so recht wußte, wie man diesen Krieg nennen sollte. »The Great War« – und größer als der nächste – war er noch nicht; auch als »Weltkrieg« ließ er sich nicht fassen; »Bellum Germanicum« – »Deutscher Krieg«, so nannte Edmund Blunden ihn in seinem ersten, noch recht wackligen literarischen Erinnerungsversuch Anfang der Zwanziger; und dreißig Jahre später sollte Siegfried Sassoon, der Streitbare, sich jeder herrschenden Semantik verweigern und den Ersten Weltkrieg den »europäischen Krieg« nennen; Robert Graves entzog sich dem Benennungszwang übrigens, indem er etwa aus dem gleichen Zeitabstand dichtete:

Was war denn Krieg? Nicht bloß ein Fahnenstreit …
Krieg war das Scheitern alles höheren Wesens

Es sollte noch Jahrzehnte dauern, bis ein Historiker schreiben konnte: »Das kulturelle Leben Großbritanniens ist tiefgreifend von der Erinnerung an den Ersten Weltkrieg geprägt.« Dazu bedurfte es mindestens all jener immensen individuellen Anstrengungen, die ich hier kaum mehr als skizziert habe. Auch das kompakteste Kollektiv-Gedächtnis hat seine tiefsten Wurzeln in unzähligen persönlichen Einzelerinnerungen.

Erspart blieb Großbritannien – ebenso Frankreich –, was ein vergiftetes, haßgeleitetes Kriegsgedächtnis in Deutschland mitbewirkte: die allmähliche Aushöhlung der Demokratie. Freilich, anders als in Deutschland, hatte der Krieg in Frankreich und Großbritannien keinen Staatsumsturz zur Folge gehabt; doch auch dort, in diesen altdemokratischen Ländern, führten die Kriegsfolgen zu sozialen Verwerfungen, worauf faschistische und kommunistische Bewegungen ihre höchst eigenen, so militanten wie totalitären Antworten gaben. Doch am Ende behaupteten sich Rechtsstaat und Parlamentarismus, und sowohl in Frankreich als auch in Großbritannien blieb die »Kontinuität der Institutionen«, so Heinrich August Winkler in seiner »Geschichte des Westens«, gewahrt. Zugleich aber wollte sich in beiden Ländern kein rechtes Siegesgefühl einstellen – wogegen in Deutschland Entsetzen und Enttäuschung über die Niederlage sich schnell ins Wahnhafte steigerten. Die kulturellen Eliten aller drei Nationen entschärften mit Erfolg, wenn auch nicht besonders massenwirksam, die alten Feindbilder, propagierten pazifistische Haltungen und arbeiteten an der Aussöhnung; der »Geist von Locarno«, der zeitweise die französische und die deutsche Republik beseelte, war gar nobelpreiswürdig. Eine Art Universalisierung des Kriegs fand auch auf der britischen Insel statt, sehr demonstrativ und pathetisch etwa in Richard Aldingtons vielgelesenem und erstmals 1929 erschienenen Roman »Death of a Hero« – »Tod eines Helden«, übrigens eines der Lieblingsbücher des DDR-Antimilitarismus bis zum Untergang. Aldingtons todgeweihte Hauptfigur George Winterbourne durchschreitet gegen Kriegsende noch einmal eine der Todeslandschaften an der Westfront und mag zwischen Freund und Feind nicht länger unterscheiden; im »erstarrten Schweigen« ringsum erkennt er nur noch die »Großtaten der Kulturmenschheit«.

Dieser quasi menschheitliche, universalistische Blick auf den Krieg mag auch begünstigt haben, daß in Großbritannien zu dieser Zeit die öffentlichen Sympathien beinahe schlagartig von Frankreich abgezogen wurden und auf Deutschland übergingen. Da brach etwas auf, heikel und schmerzhaft, und machte die britische Frage nach dem Wofür und Warum des eigenen Kriegseinsatzes noch unbeantwortbarer, als sie es bislang bereits gewesen war. Auslöser dieses kollektiven Gefühlsausbruchs war das Erscheinen von Erich Maria Remarques Roman »Im Westen nichts Neues« in englischer Sprache. England war erschüttert! Bei Remarques Lektüre entdeckte es, daß deutsches Kriegserleben nicht anders als das Kriegserleben der eigenen

Leute gewesen war. Auch daß die kaiserlichen Soldaten, je länger, desto widerwilliger gekämpft hatten, was sie sympathisch machte – erstmals konnte man sich auf der Insel mit ihnen und ihrem Grabenelend identifizieren. Politische Deutungen ließen nicht lange auf sich warten: So schrieb eine Zeitung, daß die Deutschen den Briten offenbar näherstünden als die Franzosen, doch leider sei es nun einmal so, »daß wir mit ersteren Streit bekommen und letztere gezwungenermaßen zu Partnern nehmen müssen«. Selbst einflußreiche Tories waren um 1930 der Ansicht, die Partnerschaft mit Frankreich, »dieser in hohem Maße zynischen Nation«, müsse beendet werden. Und ein bedeutender Publizist ließ verlauten: »Jeder halbwegs intelligente Oberschüler … (müßte endlich) zu dem Schluß kommen, daß unser Kriegseintritt ein grober Schnitzer war. Meine Generation wurde 1914 von der älteren Generation verraten, beschwindelt, ausgebeutet und dezimiert.« Und die beiden kriegserfahrenen, ja kriegsgezeichneten Dichter-Soldaten Graves und Blunden ließen öffentlich vernehmen, und ich zitiere sinngemäß: Nie wieder Krieg – außer vielleicht mal gegen Frankreich!

Eine regelrechte Gegnerschaft zwischen Frankreich und Großbritannien hatte sich entzündet, als 1922 die Briten französisch-belgische Vergeltungsmaßnahmen gegen die in ihren Reparationsleistungen säumigen Deutschen abgelehnt hatten, ebenso wie sie nachher das scharfe alliierte Durchgreifen während der Ruhrkrise mißbilligten. In seiner Kulturgeschichte des Ersten Weltkriegs »Tanz über Gräben« zitiert Modris Eksteins französische Äußerungen, die die antibritische Stimmung bereits im Sommer 1917 ausdrücken, wörtlich: »Wir sollten uns bald mit den Boches verbinden, damit sie uns helfen, die Briten rauszuwerfen.« Auch ein gehässiges Bonmot ist aus dieser Zeit überliefert: »Die Briten«, lautet es, »kämpfen bis zum letzten Blutstropfen – anderer Völker!«

Wie tief der Riß zwischen diesen beiden Westalliierten bereits zu Zeiten des Kriegs gereicht haben muß, läßt Robert Graves ahnen, dessen Kriegs-Memoiren ich nochmals ausgiebig zitiere:

»Im großen ganzen konnten (unsere) Truppen die Franzosen nicht leiden. Es war schwer, mit ihrem Unglück Mitleid zu haben … Auch waren wir schockiert, ob der Unnachgiebigkeit, mit der die französische Nation buchführte, als wir zum Beispiel erfuhren, daß für jeden britischen Lazarettzug, dessen Lok und Wagen aus England importiert wurden, pro Fahrt eine Gebühr von 200 Pfund für die Schienennutzung bezahlt werden mußte … Es war ein Wunder, daß es so selten zu Zusammenstößen zwischen Briten und Franzosen kam, die im übrigen unsere Abneigung erwiderten und überzeugt waren, daß wir nach Beendigung des Kriegs blieben und die Kanalhäfen besetzen würden. Wir begriffen nicht, daß es den Bauern ganz einerlei war, ob sie auf der deutschen oder der britischen Seite der Front waren. Sie konnten schlicht mit fremden Soldaten nichts anfangen und waren nicht im geringsten an den Opfern interessiert, die wir für ihr armseliges kleines Leben brachten …

(An der Somme) wurde ich (zunächst) bei einem Lehrer einquartiert. Er lebte ausschließlich von Gemüse und gab mir eine Broschüre mit dem Titel *Wie man hundert Jahre alt wird* – wir wußten bereits von der bevorstehenden (Großoffensive) und empfanden die Broschüre als guten Witz. Außerdem schenkte er mir Longfellows *Evangeline* … Da mir englische Bücher, die nach Frankreich verschlagen worden waren, immer leid taten, mochten sie auch noch so schlecht sein, nahm ich es an und brachte es später mit nach Hause.«

Jetzt, gegen Schluß, noch einmal der Versuch, das Warum und Wofür des britischen Kriegseinsatzes auf dem Kontinent zu ergründen – wenn Sie gestatten, aus ganz persönlicher Sicht:

Ich lege meine Beobachtungen an den durchaus auch mit einem politischen Verstand gesegneten Dichter-Soldaten zugrunde, die ich Ihnen hier vorgestellt habe, diese, um mit Shakespeare zu reden, »band of brothers« – etwa: »Brüdertruppe« – aus den Gräben des Ersten Weltkriegs. Sie (zusammen wie auch jeder einzelne von ihnen) waren um ein Vielfaches europäischer als die heutigen Brexit-Briten! Und, vielleicht ohne es damals noch ganz begriffen zu haben, Vorkämpfer eines Europa von gleichberechtigten Nationen. *Dieses* Europa wäre mit den Deutschen des Ersten Weltkriegs nicht zu machen gewesen! Denn die Deutschen strebten nach einem Europa unter ihrer Hegemonie; noch ein zweiter, weit furchtbarerer Krieg sollte nötig sein, sie – vorläufig endgültig – von diesem Streben abzubringen, bis sie sich mit einer Rolle als Nation unter anderen Nationen zufrieden gaben: der ersten und wichtigsten Voraussetzung einer europäischen Gemeinschaft, die lebenswert ist. Um vielleicht erst in fernen Zeiten zu solch einem Ergebnis zu gelangen, war, so scheint mir, der britische Kriegseinsatz auf dem Kontinent nötig – denn ohne Großbritannien hätten die Deutschen den Krieg im Westen höchstwahrscheinlich gewonnen und *ihr* Europa zementiert. Insofern glaube ich nicht an all jene gleichermaßen verantwortlichen Schlafwandler, die über den Kontinent getaumelt sein sollen, nicht wissend, was sie taten, um irgendwann unausweichlich in den Großen Krieg hineinzustolpern. Dabei handelt es sich allerdings vorwiegend um ein deutsches Wunschbild, mit dem das immer noch drückende Schulderbe leichter gemacht werden soll. Vielmehr glaube ich, daß Ziele und Verantwortlichkeiten ganz unterschiedlich verteilt waren, und, so wie dann auch im Zweiten Weltkrieg, eine westliche Koalition – mit den Briten in einer wichtigen Führungsrolle – Europa die Option erhielt, im Kern demokratisch zu bleiben und die Demokratie in Zukunft noch auszubauen.

Postscriptum: Der persönliche Preis, den die aufgeführten Dichter-Soldaten für ihren Kampf zu entrichten hatten, war hoch. Auf einen Punkt gebracht, lautete er: Entwurzelung. Das Land, für das sie gefochten hatten, war ihnen nach ihrer Rückkehr fremd, ja, es erbitterte sie, ganz wie Blunden in seinem Gedicht »1916, von 1921 aus gesehen« schreibt, umgetrieben von dem Wunsch:

Where all have homes and none's at home in vain

Wo alle Heimat haben und nicht allein in ihrer Einbildung

Doch diese Heimat war nicht wiederzufinden. Die entfremdende Macht der Kriegserfahrung, vor allem des Traumas, war von durchschlagender Wirkung. Zerrüttet das Verhältnis zu sich selbst, zerrüttet das Verhältnis zu den Zeitgenossen, die wieder normal leben wollten, was die Gezeichneten nicht oder noch nicht konnten. Es ist auffällig, daß sie mehr oder weniger nah am Kriegsende fast allesamt weggingen. Als Robert Graves in der Rolle eines Literaturprofessors nach Kairo aufbrach, wollte er nie wieder nach Großbritannien zurückkehren, weshalb seine Kriegs-Memoiren auch »Good-bye to All That« heißen. Später hat er sich auf Mallorca niedergelassen und wurde ein weltberühmter Mythenforscher, immer dabei, das große Menschheitsverderben namens Patriarchat zu untergraben als Hauptstütze kriegerischer Gesinnung. Edmund Blunden ging als erster aus dem Westen stammender Professor für englische Sprache und Literatur auf Jahrzehnte nach Tokio und Hongkong. Robert C. Sherriff ließ sich als Drehbuchautor in Hollywood nieder. Richard Aldington wanderte regelrecht nach

Frankreich aus und lebte dort in bescheidenen Verhältnissen, obwohl er in England sowohl als Journalist wie auch als erstklassiger Übersetzer aus dem Griechischen und Lateinischen genug Verdienstmöglichkeiten besessen hätte. Auch Siegfried Sassoon, zeitlebens finanziell unabhängig, zog sich zurück, wenngleich in die eigene, die englische Provinz. Im Alter soll er völlig vereinsamt gewesen sein, einzig beheimatet in den Widersprüchen, die er auf sich genommen und literarisch fruchtbar gemacht hatte: als hochdekorierter Frontoffizier und nimmermüder Pazifist; als Linkssozialist und Salonlöwe; als Homosexueller, der trotzdem Ehemann und Vater geworden war; und schließlich als Jude, der katholisch wurde. Wie lautete doch sein Motto, das fortan viele seiner Kriegsbücher zierte?

I could not longer call my life my own.

Ich konnt' mein Leben länger nicht mein eignes nennen.

All diese Männer sind alt geworden, zwischen siebzig und neunzig. Robert von Ranke-Graves starb erst 1985, seine letzten 15 Lebensjahre hatte er in psychischer Verwirrung zugebracht, wie seine Biographen wissen, die letzten fünf gar in völliger Umnachtung. Solange er noch ansprechbar war, fragte man ihn, wo er – während seiner langen Absenzen – denn sei: »In hell«, soll er darauf geantwortet haben, »in der Hölle«. Dort meinte er büßen zu müssen – für all jene, die unter seinem Kommando im Krieg gefallen waren, damals, als er im Alter von kaum zwanzig für Hunderte von Soldaten einsam und allein die Verantwortung tragen mußte.

* Graves besteht auf der altertümlichen Schreibweise *welch* für *welsh*.

Freunden englischer Lyrik empfehle ich folgende Bücher mit Kriegsgedichten der hier zitierten sowie etlicher anderer Poeten; ihnen habe ich großteils auch die von mir übersetzten Texte entnommen: Six poets of the Great War, hg. von Adrian Barlow, 1995; Poets of the First World War, eine Einführung mit vielen Textbeispielen, von John Greening, 2004, sowie Some desperate glory: the First World War the poets knew, hg. von Max Egremont, 2014.

Anno Brexit, 2016

Die Stunde vor und nach dem Trauma

Eine Gegenüberstellung zweier europäischer Kriegsgedichte

Nach der Schlacht

(von Jacob Picard)

Du hasts getan, o Herr, wir sind daran nicht schuld.
Du gabst uns diesen tollen Augenblick
Und ließest uns mit ihm allein zurück
Und schautest zu mit schrecklicher Geduld.

Wir standen auf, wie trunken, zu vernichten,
Wir hoben uns entgegen der Gefahr
Und wußten nicht, daß es die Menschheit war,
Die wir in ihrer schwersten Not besiegten.

Sie liegen arg gehäuft in den Verhauen.
Die Sonne kocht seit manchen Tagen sie
Und in ihr zitternd Herz, ihr starkes Knie
Treibt die Verwesung unerbittlich ihre Klauen.

O grauenhafter Schrecken unsrer Seele!
Wie von des unbegrabnen Tieres Aas,
Des schwarzes Blut quoll ins zerwühlte Gras,
Klemmt der Gestank den Atem in die Kehle …

Nur abends manchmal schickst du eine Röte
Vom Himmel aufs erbarmungslose Feld.
Dann ist ein jeder herrlich, jeder schon ein Held
In seiner Heimat ewigem Gebete,

Entschwebt verklärt, von Strahlen überzweigt,
Ein jeder wieder Vater, Bruder, Sohn,
Und durch die Lüfte singt ein milder Ton,
Der unser eigen Haupt vor Heimweh neigt.

Verdrängte Kriegserfahrung
(von Siegfried Sassoon)

Zünd jetzt die Kerzen an; eine; zwei; da ist 'ne Motte;
Welch dumme Bettler sie sind, hineinzustolpern
Und ihre Flügel zu versengen am Ruhm,
Flammenwerferflamme –
Nein, nein, nicht das, – es ist übel, an den Krieg
zu denken,
Wenn Gedanken, die du abgewürgt hast, täglich
wiederkommen, um dir Angst zu machen;
Denn fest steht, daß Soldaten niemals irre werden,
Außer wenn sie die Macht verlieren über häßliche Bilder,
Die sie hinaustreiben, um herumzustammeln zwischen
Bäumen.

Steck dir `ne Pfeife an, sieh, wie ruhig deine Hand
bleibt.
Nimm einen tiefen Zug; hör auf zu denken; zähl
auf fünfzehn,

Und du bist kerngesund …
Warum will's denn nicht regnen? …
Ich wünsch mir einen Donnersturm heut nacht,
mit kübelweise Wasser, um das Dunkel abzuwaschen,
Und die Rosen ihre tropfnassen Köpfe hängen zu lassen.

Bücher; was für heitere Begleiter,
Stehen so still und geduldig in ihren Regalen.
Zartbraun gekleidet oder schwarz und weiß und grün
In allen Farben. Welches willst du lesen?
Los; nimm und lies; sie sind so weise.
Ich sag dir, alle Weisheit der Welt
Wartet auf dich in diesen Regalen; doch du
Sitzt da und kaust die Fingernägel, läßt deine Pfeife kalt
Und lauschst der Stille: an der Decke
Da ist 'ne große taumelige Motte, die sich stößt und flattert;
Und in der atemlosen Stimmung draußen,
Da wartet der Garten auf etwas, das hervortritt und sich zeigt.
Dort müssen Unmengen Geister zwischen den Bäumen sein, –
Nein, keine Gefallenen – die sind in Frankreich –
Aber schreckliche Gestalten in Leichentüchern – alte Männer, die starben
Langsam, eines natürlichen Todes – alte Männer mit gemeinen Seelen,
Die ihre Leiber verbrauchten in ekligen Lastern.

Du bist ruhig und friedlich, geborgen im heimischen Sommer;
Nie würdest du glauben, welch blutiger Krieg grade tobt! ...
O ja, du würdest ... warum, du hörst auch so die Geschütze.
Horch! Bum, bum, bum, – ganz weich ... nie enden sie –
Diese flüsternden Geschütze – O Christus, ich will hinaus
Und sie anschreien, damit sie verstummen – ich werde verrückt;
Ich dreh' vollends durch und starre wie im Wahnsinn von wegen der Geschütze.

(übersetzt von mir; K.O.)

Ein Deutscher, ein Engländer, beide als Freiwillige im selben Krieg, vielleicht sogar in derselben Schlacht aufeinander schießend, doch nicht minder in der gleichen Erfahrung vereint. Auch sind beide Dichter: Jacob Picard, geboren 1883 in dem Dorf Wangen auf der Bodensee-Halbinsel Höri, Siegfried Sassoon, geboren 1886 in der Grafschaft Kent, dienten – jeder seinem Land – im Ersten Weltkrieg als Infanterie-Offiziere an der Westfront und überstanden dort die menschenverschlingenden Materialschlachten mehr oder weniger heil. Beide wurden mit hohen Kriegsorden ausgezeichnet. Sassoon hat sein »Military Cross« gar nicht lange nach der Verleihung ins Wasser des Mersey geworfen, während Picard sein vom Reichspräsidenten nach dem Krieg gestiftetes und noch 1934 entgegengenommenes »Ehrenkreuz für Frontkämpfer« mit Stolz hochhielt, weil er den überragenden Beweis darin sah, daß auch die deutschen Juden im Weltkrieg ihre patriotische Pflicht getan hatten – was ihnen von den Nazis immer wieder bestritten wurde.

Sassoons Gedicht ist zuerst 1918, in dem Band »Counter-Attack« (»Gegenangriff«), erschienen; sein Originaltitel lautet wissenschaftlich nüchtern: »Repression of War Experience«. Picards Gedicht wurde 1920 in dem Band »Erschütterung« veröffentlicht, der den beiden im Krieg gefallenen Brüdern des Dichters gewidmet ist. Der Augenblick dieses Gedichts liegt, wie bereits der Titel sagt: nach der Schlacht – aber, so möchte ich hinzufügen, *vor* dem Ausbruch des Traumas, das in einigen Symptomen jedoch klar und deutlich, wenn auch wohl kaum bewußt, bereits durch die Verse geistert. Mit anderen Worten: Noch tritt das Trauma gleichsam im Tarnanzug auf und gaukelt eine Welt vor, die ziemlich in Ordnung scheint: Zuoberst steht Gott, der wie im Gebet angerufen wird, und dem der Sprechende unversehens die Schuld am Krieg zuschiebt. Dann tritt ein Wir auf, das nicht bei Sinnen gewesen sein will und die Schlacht »wie trunken« geschlagen hat, also in Ekstase oder benommen vom Blutrausch. Gegen Ende lockt schließlich die Aussicht auf Normalität, eine schwache Hoffnung, als »Vater, Bruder, Sohn«

wieder heimkehren und in alte Bindungen eintreten zu dürfen, grad wie Odysseus nach dem trojanischen Krieg. Der in der Schlacht erfahrene »grauenhafte Schrecken unsrer Seele« indes wird in der Mitte des Gedichts nur kurz heraufbeschworen, mit dumpfem, lange nachklingendem Pathos.

Picards Gedicht läßt sich freilich auch anders lesen, nämlich auf traumatologische Art: Gott würde demnach nur angesprochen, weil das Schlacht-Erlebnis unsagbar bleibt und keinem menschlichen Adressaten mehr mitgeteilt werden kann. Ähnlich verhält es sich mit dem Wir – fast krakenhaft übernimmt es den Platz des beschädigten Ich, das jenes Übermaß an Angst und Grauen nicht fassen kann, mit dem die Schlacht die Seele überwältigt hat. Wer aber spricht in diesem Gedicht? Vielleicht das vom Wir fast ausgelöschte, reduzierte Rest-Ich, dem nur noch die Aufgabe zufällt, jene Sprachschönheit zu erzeugen, die Picard über das Schlacht-Geschehen breitet und mit dem dieses Geschehen halbwegs erträglich gemacht werden soll.

Die Seele verletzt – das Gedicht heil!

Ganz anders das nahezu prosaische Poem Siegfried Sassoons, dessen Entstehungszeit unverkennbar *nach* dem Ausbruch des Traumas liegt. Schönheit ist von ihm nur noch am flackernden Rand zu erwarten, und die Überzeugung, »daß Soldaten niemals irre werden«, wurde vom lyrischen Ich längst begraben; zumindest phasenweise hat der grauenhafte Schrecken Macht über die Seele erlangt. Trotzdem getraut sich hier, wenn auch zaghaft und ängstlich, doch noch ein Ich zu sprechen.

Worum geht es in diesen Versen? Grob gesagt, um die Selbstbeobachtung eines in der Schlacht traumatisierten Soldaten. Schon der Titel drückt aus, daß dieser Soldat weiß, wovon er spricht: von Verdrängtem, das im Alltag schmerzhaft wiederkehrt. Bei den leisesten Anklängen ist der Krieg gegenwärtig – eine ins Kerzenlicht fliegende Motte erinnert an Flammenwerfer, aus den dunklen Flecken zwischen den Bäumen im Garten tauchen gefallene Kameraden auf, selbst die Stille im Raum, angstgeladen, gemahnt an Geschützdonner. Doch all diese Erinnerungen sind keineswegs bloße Reminiszenzen, sondern stark und bezwingend wie das Erlebte selbst, das nicht vergehen will, sondern sich viele Male wiederholt, ohne erfolgreich bearbeitet werden zu können.

Halluzinationen, Angst- und andere Erregungszustände, schlaftötende Gewaltträume: alles Symptome einer »posttraumatischen Belastungsstörung«, die während des Ersten Weltkriegs Kriegsneurose oder *shell shock* hieß und die europäischen Gesellschaften auch in der Zeit danach noch eine Weile beschäftigen sollte. Siegfried Sassoon litt an einer solchen Nervenzerrüttung, wurde als einer der ersten in der britischen Armee dagegen behandelt und nützte, ermutigt von seinem Arzt, auch die Poesie als Heilmittel; eine Poesie, der die glatte

Fassadenschönheit des Picard-Gedichts ausgetrieben ist und die sich nurmehr stolpernd und holpernd durch die Wirklichkeit vorantasten kann; an Erfahrungsfähigkeit allerdings hat sie hinzugewonnen.

Sassoon wurde mit entsprechenden Symptomen 1917 ins Craiglockhart War Hospital bei Edinburg eingewiesen und dort von dem Militärpsychiater W.H.R. Rivers therapiert. Dieser auch psychoanalytisch geschulte Arzt ermutigte seinen Patienten, die bedrängenden Gefühle des Schreckens, der Schwäche, der Scham, auch der Selbstverleugnung und des -hasses nicht zu verdrängen, sondern zuzulassen und sie im Gedicht gewissermaßen durchzuarbeiten. Sassoon ist mutig darauf eingegangen und kehrte später sogar an die Front zurück, obwohl er den Krieg längst als sinnloses Schlachten erkannt hatte.

Das Gedicht versehrt – die Seele unterwegs zur Heilung?

Die beiden Gedichte sind entnommen: Jacob Picard, Werke in zwei Bänden, hg. von Manfred Bosch, 1991, Bd. 2, u.a. Gedichte, S. 31; dann: The War Poems of Siegfried Sassoon, arranged and introduced by Rupert Hart-Davis, 1983, S. 84. Unübertroffen zum Thema Kriegsneurosen und deren Behandlung bleibt Pat Barkers 1999 ins Deutsche gebrachter Roman »Niemandsland«, der überwiegend im Sanatorium von Craiglockhart spielt.

2016

Die heimliche deutsche Hymne

»Ich hatt einen Kameraden«: das volkstümlichste Kriegslied der Romantik und seine unvergleichliche Wirkung

Der gute Kamerad

Ich hatt einen Kameraden,
Einen bessern findst du nit.
Die Trommel schlug zum Streite,
Er ging an meiner Seite.
In gleichem Schritt und Tritt.

Eine Kugel kam geflogen,
Gilt's mir oder gilt es dir?
Ihn hat es weggerissen,
Er liegt mir vor den Füßen,
Als wär's ein Stück von mir.

Will mir die Hand noch reichen,
Derweil ich eben lad.
Kann dir die Hand nicht geben,
Bleib du im ew'gen Leben
Mein guter Kamerad!

Wie bei den meisten Volksliedern sind seine Urheber vergessen. Auch sein Titel ist eher unbekannt. Wer das Lied kennt, glaubt gern, es heiße: »Ich hatt einen Kameraden«, doch das ist nur sein erster Vers. Sein richtiger Name lautet: »Der gute Kamerad«, und es wurde 1809 von Ludwig Uhland in Tübingen gedichtet; Friedrich Silcher gab ihm, ebenfalls in Tübingen, 1825 die Melodie. Das Lied entfaltete eine beispiellose Wirkung. Es wurde nationales Trauerlied, ertönte an Kriegsgräbern und an den Gräbern von Zivilisten. Heute ist es nur noch am Volkstrauertag zu hören, zum Gedenken an die Opfer beider Weltkriege sowie deutscher Gewaltherrschaft. Der Soziologe Norbert Elias entdeckte in ihm einen Widerhall kollektiver Todesphantasien. Bis in die Gegenwart hat das Lied sich im kulturellen Bewußtsein der Deutschen gehalten. Als Frontgespenst geistert der »Gute Kamerad« durch Heiner Müllers Werk, und selbst in Kassibern der »Roten-Armee-Fraktion« blitzen seine Worte auf.

Der Bundespräsident traute dem »Guten Kameraden« nicht. Er ließ einen Mitarbeiter beim Volksliedarchiv in Freiburg anfragen, woher Text und Musik stammten und welche »Aufführungstradition« das Lied habe. Erwünscht war eine »zuverlässige Rudimentärunterrichtung«, wie es in dem Brief vom 7. September 1993 in schönstem Bundespräsidialdeutsch heißt. Welche Sorge den ersten Mann der Republik wegen dieses

Lieds plagte, verraten Notizen eines Archivars unter dem Briefkopf: »Neue Wache in Berlin – Einigungsvertrag – Wehrmachtstradition«. Mit anderen Worten: Paßte das Lied noch in die Gedenkkultur des wiedervereinigten Deutschland?

Im Westen gehörte es zum Zeremoniell des Volkstrauertags. »Es wird gebeten, nach der Totenehrung stehenzubleiben, bis das Lied verklungen ist«, lautete die Bitte auf den Einladungskarten zur zentralen Gedenkfeier im Bonner Bundestag. Bei Trauerfeiern intonierte ein Solobläser das Lied »nach Absenken des Sarges«. Im Osten war die Uhland-Silcher-Tradition abgebrochen. Andere Töne begleiteten dort die Gedenkfeiern von Partei und Armee: Chopins Trauermarsch oder die Arbeiterlieder »Unsterbliche Opfer« und »Der kleine Trompeter«. Geteiltes Land, geteilte Lieder; nichts, was zusammenklingen könnte.

Die Antwort des Archivs an den Bundespräsidenten war tröstlich: Seit 1918, also auch in der Weimarer Demokratie, sei das Lied bei staatlichen Totenfeiern »aufgeführt« worden. Selbst so erhabene Konkurrenz wie Beethovens »Eroica«, Wagners »Parsifal«-Vorspiel und Chopins »Marche funèbre« hätten es nicht verdrängen können. »Im Alltagsleben des Durchschnittsmenschen gibt es einige musikalische Standardtypen«, so schließt der Archivar, »dazu gehört ›Stille Nacht‹, Mendelssohns Hochzeitsmarsch und das Lied vom ›Guten Kameraden‹. Diese Standardtypen sind kaum durch etwas anderes zu ersetzen. Deshalb glaube ich nicht, daß es gelingen könnte, den ›Guten Kameraden‹ zu entthronen.«

Er thront auch weiterhin. Aber beinahe jedes Jahr, wenn Deutschland sich im November seiner Opfer erinnert, entbrennt irgendwo im Land Streit um dieses Lied. Die Debatten verlaufen meist nach zwei Mustern:

Zum einen ist es ein junger Bürgermeister, dem er »Gute Kamerad« unheimlich wird. Er untersagt, ihn am Volkstrauertag zu spielen. Als Grund nennt er die dritte Strophe, obwohl das Lied auch in seiner Gemeinde immer nur instrumental zu hören war. Die Strophe sei »kriegsverherrlichend« und habe in der Vergangenheit den Sinn gehabt, »zum Weiterkämpfen zu animieren«. Eine Leserbriefschlacht beginnt. Einstige Kriegsteilnehmer klagen über die Verletzung ihrer Gefühle. Einer von ihnen schert aus und erinnert daran, wie das Lied an den »Heldengedenktagen« des Dritten Reichs eingesetzt wurde, »um das Volk auf Hitlers Angriffskrieg einzustimmen«.

Nach dem zweiten Muster empören sich Friedensaktivisten über das Lied. Wenn es bei der Trauerfeier erklingt, wenden sie sich demonstrativ ab und fangen zu plaudern an. Gefühle sind verletzt, eine Leserbriefschlacht beginnt. Zum Gemeindefrieden trägt die Belehrung bei, das Lied sei längst »international«: Es finde sich in japanischen Liederbüchern, werde in der Fremdenlegion gesungen (»J'avais un camarade«), ja, selbst in Holland habe der Soldatensong aus dem Fundus des ungeliebten Nachbarn einen Übersetzer gefunden (»Ik had een wapenbroeder«), und für den Fall, daß die Nationen absterben sollten, sei in der Weltsprache Ido mit einer globalisierten Fassung bereits vorgesorgt:

Me havis kamarado
tu plu bonan trovas ne
tamburo nin vokadis
il apud me iradis
sampaze quale me.

Am schwersten freilich wiegt das Argument, daß Silchers Melodie von den Franzosen zum 14. Juli am Grabmal des Unbekannten Soldaten gespielt werde. Zur Versöhnung der Bürgerschaft taugt ebenso der Hinweis, daß der Bundespräsident an der zentralen Gedenkfeier in Berlin teilnehme, obwohl dort der »Gute Kamerad« ertöne.

Es ist nicht schwer zu verstehen, daß vorwiegend Belege von außen in einem an seiner Tradition irre gewordenen Land Entlastung bringen – mehr als das klügste Argument von innen. Darum muß sich der bereits 1985 gemachte Vorschlag des Germanisten Peter Horst Neumann, der in Uhlands Lied ein unschuldiges Opfer deutscher Verhältnisse sieht, wie eine Donquichotterie ausnehmen. Neumann plädiert auf Freispruch: »Da die Vereinnahmung auf der rechten Seite geschah, könnte die Ehrenrettung nur von links her erfolgen. Die militaristische Aura wäre zerstoben, hätte Marlene Dietrich auch den ›Guten Kameraden‹ gesungen oder Ernst Busch zusammen mit dem Lied der Spanischen Brigaden oder Wolf Biermann zum Andenken an Robert Havemann.«

Auf unabsehbare Zeit wird das Lied ohne Worte die Begleitmusik staatlichen Gedenkens bleiben. Ärger entzündet sich daran vermutlich auch künftig vor allem auf lokaler Ebene. An der Staatsspitze scheint es unumstritten. Unten müssen Widersprüche im deutschen Gedächtnis offenbar weniger krampfhaft aufgehoben werden als oben, wo die Angst vor übler Außenwirkung oder vor dem endgültigen Verlust einheitsstiftender Symbole die Harmonie erzwingt. Das Lied soll ein Gemeinplatz der Erinnerung sein. Doch in Deutschland existieren zu viele, zu verschiedene Erinnerungen, als daß sie auf diesem Gemeinplatz zusammenfinden könnten. Ob das immer so war?

Uhland schrieb sein Lied während der Befreiungskriege gegen Napoleon. Österreich hatte sich 1809 zuerst erhoben gegen den Imperator. Der junge, erst 22-jährige Poet nahm am Leiden auf beiden Seiten Anteil: Er fühlte mit den Badenern, die unter französischem Befehl gegen die aufständischen Tiroler ziehen mußten, und er trauerte um seinen Förderer Leo von Seckendorf, der als österreichischer Hauptmann gefallen war. Uhland war aufgefordert worden, »für ein Flugblatt zum Besten der (badischen) Invaliden des

Feldzugs« ein Kriegslied zu verfassen. Sein Beitrag kam jedoch zu spät, und so nahm sein Freund Justinus Kerner den »Guten Kameraden« zwei Jahre später in seinen »Almanach für das Jahr 1812« auf. Danach erschien er in allen eigenständigen Gedichtbänden Uhlands und 1848 im »Deutschen Volksgesangbuch« Hoffmanns von Fallersleben.

Doch in welcher Nachbarschaft das Lied auch stand, es blieb ein Solitär. Ihm fehlte der Völkerschlachtton, der national-heroische Doppelklang, der in den Kriegsliedern der Zeit dominierte: Arndts »Was ist des Deutschen Vaterland?«, Körners »Das Volk steht auf, der Sturm bricht los«, Nonnes »Flamme empor!«. Lieder (fast) dieses Schlags dichtete Uhland später auch selbst, und dabei mag er seinem Wunsch nach Parteinahme nachgegeben haben – anders als beim »Guten Kameraden«, bei dem er seinen Ehrgeiz darauf verwandte, den Volksliedton zu treffen, so wie die Sammlung »Der Knaben Wunderhorn«, für die Tübinger Romantiker eine Bibel, diesen Ton traf.

Obgleich Uhlands Lied schon vertont war, nahm Friedrich Silcher, der Tübinger Universitätsmusikdirektor, sich seiner nochmals an. Volkstümlich wurde romantische Poesie erst, wenn sie sich singen ließ. Und keiner setzte im sangesfreudigen 19. Jahrhundert hierzuland Lyrik so populär in Singbares um wie Silcher. Ein Leben lang jedoch mußte er gegen das Vorurteil angehen, daß er Uhlands Lied eine Melodie *er*funden habe; *ge*funden hatte er ihm eine, und zwar in der Schweiz, wo ihm das Volkslied »Ein schwarzbraunes Mädchen hat ein´ Feldjäger lieb« zu Ohren gekommen war. Wahrheitsgemäß teilte er auf dem Notenblatt des »Guten Kameraden« mit: »Aus der Schweiz in 4/4 Takt verändert, v. Silcher«. Trotzdem wurde er unverdrossen für den Schöpfer gehalten. Es kursierte sogar eine Sage, die glauben machen wollte, ein Herbststurm habe Silcher ein Blatt mit Uhlands Versen durchs Fenster seiner Tübinger Kammer zugeweht. Die Entstehung eines Lieds von derart mysteriösem Erfolg war ohne überirdische Hilfe offenbar nicht zu denken.

Man hat es in der Folge gedreht und gewendet, um ihm das Geheimnis seiner Wirkung zu entreißen. 1977 erschien eine Schrift des »Wiener Seminars für Melosophie«, die den »heilenden Kräften« in Silchers Vertonung nachlauscht. Ihr Autor, Victor Lazarski, glaubt, daß das Lied sich mittels einer ihm selbst innewohnenden Kraft aus »militärischer Enge« befreit und zum Abschiedslied der gesamten Menschheit gewandelt habe. Für Lazarski hat die »Seele« des Lieds ihren Sitz im zehnten Takt. Genau dort aber findet sich eine der wenigen Stellen, wo Silcher in die vorgefundene Melodie eingriff, indem er bei der unechten Wiederholung der jeweiligen Schlußzeile den harten Auftakt weicher gestaltete und so den Marsch ins Elegische umkippen ließ.

Was Lazarski beim genialen Individuum fand, hatte zuvor Heyman Steinthal beim singenden Kollektiv ausgemacht. 1880 veröffentlichte er in der »Zeitschrift für Völkerpsychologie« einen Aufsatz, in dem er sich mit den »Umsingungen« von Uhlands Lied befaßt. Er zitiert eine Variante, die er von einem Dienstmädchen singen hörte:

Die Kugel kam geflogen
Gilt sie mir? Gilt sie dir?
Ihn hat sie weggerissen,
Er lag zu meinen Füßen
Als wär's ein Stück von mir.

Für Steinthal hat der Volksmund hier verbessernd gewirkt und Klarheit geschaffen: »Nicht ›eine‹ Kugel, sondern die fatale kam geflogen. Er sieht sie kommen, und das ›Gilt sie mir? Dir?‹ schildert die Angst des Soldaten, die er aber um sich nicht mehr als um den Kameraden hat, was auch in dem Mangel des ›oder‹ liegt, welches trennen würde. Den Wandel des ›es‹ in ›sie‹ kann ich nur billigen, denn das ›es‹ der dritten Zeile ist ohne rechte Bedeutung. Eine Verbesserung wiederum ist ›er lag zu meinen Füßen‹, parallel zu ›er ging an meiner Seite‹.«

Uhlands Fassung scheint ihm nur »volksmäßig«, erst durch die Veränderungen werde ein echtes Volkslied daraus. Voraussetzung sei nur, daß so ein Lied gefalle, dann werde es allmählich umgesungen. »Dies geht durch die Jahrhunderte und breitet sich aus wie die Sprache des Volkes und mit ihr.« Einspruch erhebt Steinthal gleichsam im Namen des Volkes auch gegen die dritte Strophe. Er verwirft sowohl die »Sentimentalität« des Sterbenden, der seinem Kameraden die Hand reichen will, wie auch die »Härte« des andern, der die Hand nicht nimmt. Zudem mag er die Formulierung vom »ew'gen Leben« nicht, sie sei »abstract«. Aus all diesen Gründen werde die dritte Strophe denn auch nirgends gesungen.

Doch die Stunde von Härte und Sentimentalität sollte noch kommen; dem »Guten Kameraden« stand sein Aufstieg zu unüberbietbarer Beliebtheit erst noch bevor.

In ihrer Anthologie »Lieder, die die Welt erschütterten« präsentiert Ruth Andreas-Friedrich Uhlands Lied bei den Liedern aus dem deutsch-französischen Krieg, wie übrigens auch das Deutschlandlied. War es 1870/71 eher noch ein ergreifendes Soldatenlied als ein »trotziger Kriegsgesang«, so sollte sich das im nächsten Krieg ändern. Eine Umfrage unter Soldaten des Ersten Weltkriegs, gemacht von Volkskundlern, ergab, daß das Lied an den deutschen Frontlinien das meistgesungene war, und zwar wegen seiner »begeisternden Wirkung«. Dazu muß man wissen, daß es jetzt zum wenigsten aus Uhlands Text bestand, sondern aus einem Potpourri erzpatriotischer Kehrreime. Vorneweg wurden im Originalton jeweils nur die ersten drei Verse gesungen – und dann:

Gloria, Gloria, Gloria Viktoria!
Ja mit Herz und Hand
Fürs Vaterland, fürs Vaterland.
Die Vöglein im Walde,
die sangen all so wunderschön.
In der Heimat, in der Heimat,
da gibt's ein Wiedersehn!

Noch im ersten Kriegsjahr brachten Uhland-Puristen ein Flugblatt heraus (»Der ›Gute Kamerad‹ in schlechter Verfassung«), in dem sie für derlei »Verhunzungen« das »Eindringen von Operettenschlagern« in die Alltagskultur verantwortlich machen. Den wahren Schuldigen indes entlarvte im August 1918 die »Turn-Zeitung«: Er heiße Wilhelm Lindemann, sei Kabarettist in Berlin und berühmt für die bösen Scherze, die er »zu Vortragszwecken« mit vaterländischem Liedgut treibe. Kein Wunder, daß der an das Lied geklebte Kehrreim so komisch klingt – gesungen wurde er jedoch im Ernst!

Die Verteidiger des Kehrreims kamen der Sache näher. In ihren Streitschriften begrüßen sie das »Gloria« als Ventilation »unsagbarer Gefühle« zwischen Heimweh und Todesfurcht. Willkommen ist ihnen das Schlagwort-Gewitter des »Gloria« auch, weil es wie ein nationales Glaubensbekenntnis tönt. Der »Gute Kamerad« scheint heimgekehrt ins Kaiserreich, zum »Gemüt« hat er endlich »Gesinnung« erworben.

Konnte man mehr recht behalten als Heyman Steinthal, der das Schicksal des Volkslieds mit dem

Schicksal der Volkssprache verbunden sah? Die Phrase beherrschte die öffentliche Rede – ganz im Sinn jenes Karl-Kraus-Verdikts, daß das erste Opfer des Kriegs immer die Sprache sei und folglich Uhlands Lied. Die nationale Vereinnahmung erzeugte aber auch ihr Gegenstück: die (bewußte) Parodie. Als von 1916 an die Siegeszuversicht schwand, blühten aus allen Schützengräben die Spottversionen. Sie richten sich oft gegen die miserable Versorgung (»Ich hatt einen Katzenbraten«) oder schwelgen – teils mit pazifistischem Unterton – im Kriegsüberdruß:

Ich hatt einen Kameraden
Einen schlechtern findst du nit.
Die Trommel schlagt zum Streite,
Er schleicht von meiner Seite
Und sagt: »I tu nit mit«.

Fortan wurde das Lied von allen Seiten beansprucht. Doch sein Sinnkern blieb unverletzt, mochten die Seiten noch so gegensätzlich sein. Den stärksten Beleg dafür bietet der Theater-Regisseur Wolfgang Langhoff in seinen »Moorsoldaten«, den Erinnerungen an seine KZ-Haft während der frühen Nazi-Zeit: Die SS hat einen Häftling erschossen. Die anderen überlegen, wie sie dagegen »protestieren« können. Als beim Appell der Befehl erfolgt: Singen!, stimmen sie den »Guten Kameraden« an. Die SS-Männer sind irritiert. Einer will von den Häftlingen wissen: Wieso dieses Lied?

Sie sagen es ihm, und er »stiefelt nachdenklich auf seinen Platz zurück«.

Ob sich deutsche Landser im Zweiten Weltkrieg durch Uhlands Lied bei ihren Vorgesetzten ähnlich Respekt verschaffen konnten, ist zweifelhaft, zumindest im folgenden Fall. Es scheint unglaublich, aber da getrauten sich ein paar Todgeweihte in ihrer »Frontkämpferzeitung Nr. 31, Dez. 42« diese Zeilen zu drucken:

Wir hab'n einen großen Führer
Einen größern findt ihr nicht.
Er führt durch blut'ge Kriege
Vier Jahr lang uns zum Siege,
Doch das Ende sehn wir nicht.
Gloria, Gloria, Gloria Viktoria!
Für das Hakenkreuz,
Mit dem Ritterkreuz
Gehn wir zu Grab.

Wie auch Ernst Buschs antifaschistische Neuschöpfung aus dem Spanischen Bürgerkrieg, gewidmet dem gefallenen Kommunisten Hans Beimler (»Eine Kugel kam geflogen / aus der ›Heimat‹ für ihn her«), belegt diese Variante den mythischen Charakter, den das Lied inzwischen angenommen hatte. Es ließ sich endlos aktualisieren, immerfort neuen Erfahrungen und Positionen angleichen, aber stets so, daß darunter der Urkamerad erkennbar blieb. Uhlands Lied wurde sozusagen ein Überschreib-Lied, eine Palimpsest-Hymne nach der Art der mittelalterlichen Schreibvorlagen, die abgekratzt und wieder beschrieben werden konnten, und zwar so, daß die ältere unter der jüngeren Schrift noch lesbar war.

Warum aber entstand statt der zahllosen Überschreibungen kein neues Lied? Ein ganz persönliches, unverwechselbares? Fanden die Deutschen im »Guten Kameraden« zu allen Zeiten ihre heimliche Hymne? Vielleicht wurde für jene, die auf Uhlands Lied zurückgriffen, die eigene Erfahrung gerade in dieser Form vertrauter, glaubwürdiger, teilbarer und mitteilbarer. Eine weitere Antwort gibt in seinen »Studien über die Deutschen« Norbert Elias, der das Lied als Soldat im Ersten Weltkrieg selbst kennenlernte. Die Deutschen hätten den »Guten Kameraden« stets so inbrünstig gesungen, weil er ihr »verdüstertes Selbstgefühl« ausdrückte. Daß ihre Lieblingslieder fast alle eine »starke Vorahnung des Todes« erfülle, sei historisch zu erklären: denn vom 16. Jahrhundert an war Deutschland durch seine staatliche Schwäche viele Male Europas »Hauptkriegsschauplatz«, und vor allem der Dreißigjährige Krieg hinterließ traumatische Spuren im »Habitus der Deutschen«. Geblieben sei ihnen davon eine unauslöschliche Erinnerung an Zerstörung, Tod, Vergeblichkeit.

Elias weist so dem »Guten Kameraden« eine Bedeutung im größtmöglichen Zeitraum deutscher Geschichte zu. Doch ist dieses unselige Kontinuum mittlerweile beendet? Es sieht zumindest so aus – etwa wenn man den Blick auf sein Erscheinungsbild in Heiner Müllers frühem Drama »Die Schlacht« lenkt. Darin gibt es eine Szene, in der deutsche Soldaten des Zweiten Weltkriegs, vor Hunger dem Wahnsinn nahe, zu Silchers Klang und Uhlands Worten – einen Kameraden verspeisen. Das ist die äußerste Katastrophe, die den »Guten Kameraden« ereilen kann. Im kannibalischen Irrsinn des totalen Kriegs findet die Tübinger Romantik ihr Ende.

Doch seine bisher letzte Wiederkehr fand in den Stammheimer Zellen der RAF statt, und sie ist keine Erfindung. Stefan Aust zitiert in seinem »Baader-Meinhof-Komplex« aus einem konfiszierten Kassiber Gudrun Ensslins, in dem inmitten kleingehackter RAF-Prosa unvermittelt der Vers auftaucht: »Ich hatt einen Kameraden«. Er fällt der Verfasserin ein, als sie sich wieder einmal zugunsten Baaders gegen die »Verräterin« Meinhof entscheidet. Der »Gute Kamerad« als Orientierungshelfer zwischen Freund und Feind: So unübersichtlich konnte im Volksbefreiungskrieg die Lage mitunter sein!

Für vielfältige Hilfe habe ich dem Deutschen Volksliedarchiv Freiburg zu danken.

1997

Mit Hölderlin für falsche Ideale

Der Schriftsteller Gregor Dorfmeister und sein mit weltweitem Erfolg verfilmter Roman »Die Brücke«

Als Gregor Dorfmeister vor einigen Jahren die Materialrechte an seinem Buch »Die Brücke« an Leo Kirchs *Taurus-Film* verkaufte – die Filmrechte sind damals bereits dort gewesen –, bestand er darauf, daß seine Urheberschaft bei jeder Ausstrahlung des Films einmal erwähnt wird. Dorfmeister war der letzte Ungenannte eines Projekts, das anderen bereits Ruhm eingetragen hatte, insbesondere dem Regisseur und den Hauptdarstellern.

1959, nach den Dreharbeiten, einigte man sich noch begeistert darauf, im Vor- und Abspann auf die Namen sämtlicher Beteiligten zu verzichten. So sollte der Wahrheitscharakter des Gezeigten unterstrichen, der Kunstcharakter zurückgedrängt werden. Keiner mimte den Star, alle wünschten, daß der Film als Generationendokument verstanden werden sollte. Doch als er schließlich in den Kinos lief, war gleich eingangs zu lesen: »Regie: Bernhard Wicki«. Zehn Jahre später forderten auch die Schauspieler, daß ihre Namen von nun an bekanntzugeben seien, etwa: Fritz Wepper, Volker Lechtenbrink, Michael Hinz, Günter Pfitzmann, Cordula Trantow, Frank Glaubrecht, Günther Hoffmann, Karl Michael Balzer.

Doch wieso verlangte es Dorfmeister, der seinen Roman 1958 unter dem Pseudonym Manfred Gregor veröffentlicht hat, erst so spät nach Gerechtigkeit? »Ach, wissen Sie«, sagt er im Gespräch, »nie ist ein Buch mit weniger literarischem Ehrgeiz geschrieben worden als meines. Um Katharsis ging es mir, nicht um Ruhm. Es war ja meine eigene Geschichte, ich selbst hatte sie erlebt. In den Nächten des Schreibens, daheim am Küchentisch, hab ich sie ausgekotzt. Das hat mir geholfen, diese Hilfe hab ich dringend gebraucht. Es gab damals keine Psychologen, die einem Burschen meines Alters dabei halfen, die Konfrontation mit Tod und Gewalt zu verarbeiten.«

Durch sein Buch habe er »nur gewonnen« – so wie er durch Wickis Film »nichts verloren« habe.

Erst als er im Lauf der Jahre immer wieder hören mußte, daß inzwischen auch die zugrundeliegende Geschichte Bernhard Wicki zugeschrieben wurde, beschloß er, diesen Irrtum nicht hinzunehmen. Denn Dorfmeisters Buch hatte von Anfang an schon ein stolzes Eigenleben aufzuweisen. Bis heute wurde es in vierundzwanzig Sprachen übersetzt und weltweit über eine Million Mal verkauft. Auch in der DDR ist es bis zu deren Ende immer wieder nachgedruckt worden.

Und als »Die Brücke« 1962 in der Sowjetunion in einer Auflage von 200 000 Stück erschien, war es nach einer Rezension des Weltkriegsteilnehmers Lew Kopelew im Nu vergriffen. In den USA legte Random House bereits 1959 die erste Taschenbuchausgabe vor, die auch in Supermärkten zu haben war. In Deutschland wurde das Buch allein in den letzten drei Jahrzehnten 100 000 mal verkauft; die jüngste deutsche Ausgabe ist 2005 bei der Deutschen Verlagsanstalt erschienen, und eine Hörbuchausgabe, gesprochen von Volker Lechtenbrink, rundete ein Jahr darauf das Ensemble der »Brücke«-Editionen vorläufig ab. Längst war »Die Brücke« zum wichtigsten Kriegsroman der Bundesrepublik geworden!

Über diese Erfolgsgeschichte staunt Dorfmeister, der sein Berufsleben als Lokalredakteur in der bayerischen Provinz verbracht hat, noch immer. Niemals hätte er sie für möglich gehalten. Denn die ersten Verlage, denen er das Manuskript Mitte der fünfziger Jahre anbot, lehnten ab und schrieben ihm zurück, daß seine Geschichte »nicht mehr aktuell« sei. Zehn Jahre nach dem Krieg! Erst Kurt Desch, der große Münchner Verleger, griff beherzt zu und rief: »Nicht mehr aktuell? Nein, die Herren waren nur zu feige!«

Wickis Verfilmung wird von Dorfmeister geschätzt, weil sie nichts beschönigt. Man blicke nur in die Gesichter der jungen Hauptakteure: anfangs noch voll individuellen Ausdrucks, hell und weltoffen, im Verlauf des Kampfs um die Brücke aber immer weniger unterscheidbar und am Ende erstarrt zu Masken aus Blut, Dreck und Angst. »Die Buben sterben alle, einer nach dem anderen«, sagt er mit so seltsamer Betonung, als spräche er aus dem Traum und hätte ganz vergessen, daß einer ja überlebt – der Zeuge, den jede Geschichte braucht.

Noch nach sechzig Jahren muß Dorfmeister immer wieder erfahren, daß er mit seinen Erlebnissen »nicht fertig« ist. Es wundert ihn selbst, aber nachdem er länger erzählt hat, greift er sich mit der Hand an den Hals und sagt mit belegter Stimme:

»Da sitzt es!«

Gregor Dorfmeister wurde am 7. März 1929 im südwürttembergischen Tailfingen geboren und wuchs im oberbayerischen Bad Tölz auf. Dort stand auch das Original, seine Ur-Brücke; Wickis Film-Brücke übrigens stand im oberpfälzischen Cham. Noch ein Kind, rannte Dorfmeister in den Jahren 1933 und 1934, als das mittelalterliche Bauwerk erneuert wurde, um den Belastungen des modernen Verkehrs besser zu trotzen, öfter dorthin, um bei den Bauarbeiten zuzusehen. Es gab damals in Tölz nur diese eine Brücke, die für die 11 000-Einwohner-Stadt lebenswichtig war, weil sie über die Isar hinweg die beiden Ortsteile miteinander verband.

Dorfmeister besuchte in seiner Heimatstadt das Gymnasium. Gegen Kriegsende waren die meisten seiner Schulkameraden bereits zum »Volkssturm« eingezogen, Hitlers letztes Aufgebot. Er selbst, »als der Kleinste und Schwächste der Klasse«, folgte ihnen erst am 7. März 1945, seinem sechzehnten Geburtstag. Dem Einsatz dieser deutschen Kindersoldaten ging eine militärische Ausbildung an der SS-Junkerschule von Bad Tölz voraus. Auf deren Schießplatz feuerten sie mit Panzerfäusten auf abgewrackte Tanks, »eine Höllengaudi für Sechzehnjährige«. Sie lernten gierig und schnell, so wie sie seit ihrem vierzehnten Lebensjahr den vormilitärischen Drill in sich aufgesogen hatten – eine Ausbildung, die regelmäßig sonntags zur Zeit des Kirchgangs angesetzt worden war, um die Jugendlichen in dem streng katholischen Ort ihren religiösen Autoritäten zu entfremden. Schule und Hitlerjugend hatten jahrelang das passende ideologische Rüstzeug sowie die Vorbilder bereitgestellt. Der Leichtathletik-Weltrekordler Rudolf Harbig verbreitete, nicht lange bevor er in Rußland fiel, bei Besuchen in der Sportstunde den »Glanz des Regimes«.

Und mit Versen von Hölderlin wurden die Jungen auf das Äußerste eingeschworen: »Lebe droben, o Vaterland, / Und zähle nicht die Toten! / Dir ist, / Liebes! Nicht einer zu viel gefallen.« Am Ende ihrer Ausbildung seien sie »funktionierende Tötungsmaschinen mit reinstem Gewissen« gewesen.

Anders als im Buch waren es in Wirklichkeit achtzig Jungen, die das letzte Aufgebot zu stellen hatten. Fünfzig kamen aus der »Nationalpolitischen Anstalt«

(Napola) in Sonthofen, dreißig aus Tölz und Umgebung. Fünfzehn von ihnen wurden an der Isarbrücke stationiert und erhielten Befehl, sie gegen die anrückenden amerikanischen Truppen zu verteidigen, ein sogenannter Panzervernichtungstrupp, zu dem auch Dorfmeister gehörte. Soweit er nach dem Krieg herausfand, sind mindestens zwanzig der achtzig »Volkssturm«-Kinder umgekommen.

Als er im Jahr 1950 mit dem Schreiben begann, suchte er sein Glück zuerst in der Reportage. »Aber ich bin mehrmals gescheitert, der Stoff zerfaserte mir unter den Händen, und die Allgemeingültigkeit, die ich unbedingt wollte, ließ sich so nicht erreichen.« Also entschied er sich für den Roman, voller Ehrfurcht. Aus der unüberschaubaren Schar von Jungen schälten sich sieben Protagonisten heraus. Die Sieben war eine mythischheroische, glorreiche Zahl: 7 gegen Theben; 7 vor Verdun; nun eben 7 für Großdeutschland! Jeder von ihnen erhielt einen unverwechselbaren Charakter: der ängstliche Siegi Bernhard, der draufgängerische Walter Forst, der früh verbitterte Karl Horber … Auch sein Bad Tölz mußte in einen universalen Ort verwandelt werden. Wie gut ihm das gelang, bekam Dorfmeister später oft zu hören: »Woher wissen Sie das?«, fragten ihn Unbekannte, »genauso hat es sich bei uns abgespielt!«

Die Brücke stand überall.

Die Literaturkritik indes war dem Buch nicht gewogen. Paul Hühnerfeld meinte damals in der »Zeit«, der Roman sei zwar gut gebaut, aber miserabel geschrieben. Kaum machte ein junger Mann sich daran, die deutsche Katastrophe mutig und wahrhaftig aufzuarbeiten, schon fiel man ihm mit Kunstfragen ins Wort – auch eine Art, von Wichtigerem abzulenken (paßte aber bestens in diese Jahre und den streng durch-ideologisierten nachkriegsdeutschen Literaturbetrieb, in dem – siehe »Gruppe 47« – ehemalige Wehrmachtssoldaten den Ton angaben)! Doch in der Tat, Dorfmeister hatte auf die Form allergrößten Wert gelegt und versucht, mit einer Rückblenden-Technik, die er Norman Mailers Weltkriegsepos »Die Nackten und die Toten« abschaute, Spannung zu erzeugen. Darüber war die stilistische Feinarbeit vernachlässigt worden. Heute sagt er: »Ich sehe durchaus die Schwächen meiner Erzählung, denke aber gar nicht daran, sie zu beheben.« Das »Eruptive«, »Verwackelte« und »Schartige«, wie er sich ausdrückt, sollen ihr ein für allemal erhalten bleiben.

Wer sich an den Film erinnert, weiß, wie siegestrunken die Verteidiger der Brücke jubeln, als die Amerikaner fürs erste abziehen. Sie haben die Burschen unterschätzt, die auf jeden ihrer Rufe »Kindergarten! Give up! We don't fight kids!« mit zornigem Trommelfeuer antworten. Dorfmeister selbst erlebte den »Umschlag« seiner Kampfeswut in eben jener Sekunde, als er erstmalig zum Erfolg kam: »Mit drei Panzerfäusten zugleich trafen wir einen Panzer. Eine war von mir abgefeuert worden. Die Panzerluke sprang auf und es erschien – ein brennender Mensch. Im selben Augenblick wußte ich, daß ich das nie, niemals hatte tun wollen.«

Sein zweites »Schlüsselerlebnis« hatte Dorfmeister ein paar Tage darauf, als er nach der Einnahme der Stadt an die Brücke zurückkehrte. Dort lagen, von einem amerikanischen Soldaten bewacht, zwei der letzten Brückenverteidiger, tot. Eine alte Frau kam heran, hielt bei den Toten inne und – bespuckte sie. »Ich weiß nicht, ob sie das gemacht hat, um den Vertreter der Siegermacht zu beeindrucken. Mich hat es entsetzt. Tief und tiefer fraß sich das Bild der spuckenden Alten mit der Zeit in mich hinein, und es wurde schließlich zum Anlaß, mein Buch zu schreiben. Ich sah die Frau als Stellvertreterin für Tausende und wollte die Frage hinausschreien: ›Was habt ihr nach unserer Erziehung denn von uns erwartet? Waren wir nicht auf furchtbare Art so, wie ihr uns immer gewollt habt?‹«

So wurde die Brücke, eigentlich ein Symbol menschlicher Verbundenheit, für Dorfmeister zum düsteren Wahrzeichen einer mißbrauchten Jugend, die zuerst ideologisch scharfgemacht und dann sich selbst überlassen wurde. Diesen doppelten Verrat hat er mit ein paar Szenen eingefangen, in denen nach erfolgreicher Verteidigung ein Sprengkommando die Brücke in die Luft jagen will, weil sie jetzt nicht mehr gebraucht wird. Die Jungen, die bisher überlebt haben, »rasten aus«. Wohlgemerkt: Im Buch wird der letzte von ihnen von Deutschen erschossen, weil er die Brücke verteidigt wie ein höheres Gut.

Gleichzeitig mit dem Zusammenbruch der Welt, an die sie geglaubt haben, wird auf der Brücke eine neue Generation geboren. Es ist jene, die der Soziologe Helmut Schelsky in seinem gleichnamigen Werk von 1957 die »skeptische Generation« nannte. Sie hat das Mißtrauen gegen Ideale und Ideologien in den mentalen Haushalt der Bundesrepublik eingebracht.

1998 / 2009

Lothar Pfeiffer, Kriegsdienstverweigerer

Porträt eines Mannes, der stolz darauf ist, kein Mörder geworden zu sein

Kaum hat man sich begrüßt, schon beginnt er zu erzählen. Jählings reißt er einen hinein in seine Geschichte, grad so, als wäre man ein guter Bekannter. Woher nimmt Lothar Pfeiffer dieses Vertrauen? Passiert es ihm nie, daß er als ehemaliger Befehlsverweigerer abgelehnt, ja, zurückgestoßen wird? Eigentlich nicht, sagt er norddeutsch schnoddernd. Früher aber, in den Fünfzigern und Sechzigern, behielt er seine Geschichte lieber für sich. Sogar der eigene Vater nahm ihm lebenslang übel, wie er sich 1942, mit kaum zwanzig Jahren, verhalten hatte. Und selbst seiner ersten Frau hat er nie »davon« erzählt. Seit ein paar Jahren jedoch redet er. Die zufällige Begegnung mit einem ehemaligen Wehrmachtsdeserteur lockerte ihm die Zunge. Nur mit Namen hat der 72-Jährige Probleme. Sie wollen und wollen ihm nicht einfallen. Das komme von den »Wahrheitsspritzen«, die die Gestapo ihm 1942 und 43 verpaßte.

Wenn Pfeiffer ein Wort, einen Satz besonders beglaubigen will, tippt er dem Gesprächspartner mit der

Fingerspitze gegen die Brust. Er hat auffallend große Hände, wie er überhaupt ein breitschultriger, muskulöser Mann ist. Fernfahrer war er. Deutschland rauf und runter, jahrzehntelang. Millionen Kilometer hat er auf dem Kutschbock abgesessen.

1941 wurde der aus der Gegend von Celle stammende Lothar Pfeiffer zur Wehrmacht eingezogen, in die »Division Brandenburg«, einer ideologisch wie technisch hochgerüsteten Spezialeinheit, der in Hitlers Weltanschauungs- und Vernichtungskrieg besondere Aufgaben zugedacht waren. Die »Brandenburger« bekämpften vor allem Partisanenverbände im Osten, und der junge Kraftfahrer Pfeiffer fuhr eines ihrer Sturmgeschütze.

Ende 1942 in einem ländlichen Vorort von Kiew: Pfeiffers Einheit wird ein Verpflegungswagen gestohlen. Aus Rache für den Diebstahl nimmt die Truppe unter den Bewohnern des Orts zahlreiche Geiseln, weit über hundert Frauen und Kinder. Man treibt sie auf offenes Feld. Ein Kommandeur stellt das Erschießungskommando zusammen, zwölf Mann, und Pfeiffer ist einer von ihnen. Was nun folgt, leitete Pfeiffer in seinem mündlichen Bericht durch zweierlei ein: erstens, daß er die Furcht der Frauen und das Weinen der Kinder nicht vergessen könne, zweitens, daß er »ein guter Schütze gewesen« sei. Die Schüsse fallen. Der Massenmord, beileibe nicht der einzige, an dem Wehrmachtssoldaten beteiligt waren, nimmt seinen Lauf.

Lothar Pfeiffer schießt ebenfalls – aber nicht auf die Geiseln, sondern in den Boden. Ein anderer von den Zwölfen tut es ihm gleich. Unabgesprochen. Sie blicken einander an. Der Kommandeur stellt die beiden zur Rede. Pfeiffer antwortet ihm:

»Bin kein Mörder!«

Heute verzichtet Pfeiffer darauf, eine moralisierende Begründung für seine Tat nachzuliefern. Bis zu diesem »Wendepunkt« seines Lebens war er weder Pazifist noch Nazi-Gegner gewesen, sondern ein kampfbereiter, kriegswilliger Soldat.

»Aber Frauen und Kinder? Nee, das is kein Kriech mehr.«

Wie eine ganz natürliche Reaktion stellt er seine Befehlsverweigerung dar. Auch religiöse Gründe, so wie die überwiegende Mehrzahl der Kriegsdienstgegner sie damals angaben, nimmt er nicht für sich in Anspruch. Und man möchte ihm recht geben: Wer solche Grundanständigkeit nicht besaß, zumal in solchen Zeiten, dem konnte vermutlich auch der Glaube nicht helfen.

1942 wurde Lothar Pfeiffer mit dem anderen Mordverweigerer zusammen in die Garnison Brandenburg zurückgeschickt. Was nun kam, war leicht zu erahnen: Kriegsgericht in Potsdam und das Todesurteil für die beiden Angeklagten. Ihre Lage hatte sich noch verschlimmert, weil herausgekommen war, daß sie sich mit Fluchtgedanken trugen. Sie wollten sich einer Widerstandsgruppe in England anschließen. Für die

Kriegsrichter ein klarer Fall: zur Befehlsverweigerung kam auch noch die Absicht zu desertieren. Die Gestapo wollte mehr über die Adresse in England wissen und versetzte Pfeiffer in einen chemischen Nebel, der ihn geständig machen sollte. Doch er wußte ja nichts. Oft hörte er in den Morgenstunden Schüsse vom Gefängnishof. »Schikane« nennt er, was die Gestapo ihm antat; was wirklich geschah, sagen seine Augen.

Lothar Pfeiffer wurde begnadigt – zu fünfzehn Jahren Zuchthaus. Sein Vater, ein altgedienter SA-Mann, verwandte sich für ihn. Eines Tages trat er zu ihm in die Todeszelle, ein Wärter hatte ihn brieflich alarmiert, wofür dem Sohn selbst der Mut fehlte.

»Bin kein Mörder!«, sagte er wieder.

Das beeindruckte den Vater zwar nicht – offenbar hätte er sich mit einem Mördersohn abfinden können –, er wollte aber versuchen, Lothar Pfeiffer zu retten. Also versprach er, »nach Adolf« zu gehen, gelangte aber nur »nach Göring«. Doch das genügte. Der Reichsmarschall verfügte die Begnadigung. Pfeiffers Kamerad indes mußte sterben.

Es scheint schwer, eine solche Geschichte zu erzählen. Lothar Pfeiffer hat sie nicht geordnet und durchgestylt, um sie in medienwirksamen Happen zu verabreichen. Er springt kreuz und quer durch sein Gedächtnis, verheddert sich, wiederholt sich, läßt Wichtiges weg. Viel Wirrsal, so wie im Leben selbst, durchrankt alles. Nach der Begnadigung brachte man ihn als Häftling in eines der berüchtigten Emslandlager. Er war nun nicht mehr Soldat, sondern Moorsoldat, später mußte er in einem Strafbataillon beim Minenräumen sein Leben riskieren, wurde verwundet, geriet in Kriegsgefangenschaft … Eine Geschichte mit vielen Ausläufern und Abzweigungen, Nebenwegen und Sackgassen. Sie erzählend, sagt Pfeiffer:

»Eigentlich kann man sie gar nicht erzählen.«

Wie so viele andere wollte er nach 1945 alles vergessen. »Ich verbohrte mich in Arbeit.« Drei Häuser hat er gebaut. Dann die endlosen Fahrten des einsamen, unbekannten Kraftfahrers durch die Republik der Autobahnen und Bundesstraßen. Schließlich aber die befreiende Erkenntnis, daß Vergessen Sisyphos-Arbeit ist, und der bleibende, immer kenntlicher werdende »Stolz, daß ich kein Mörder bin«.

Eine Armee, die nicht Tyrannen dient, könnte doch ohne weiteres Kasernen nach ihm benennen.

1995

Exkursion

»Doch einen Blick aufs Schlachtfeld, da sieht es traurig aus ...«

Auf den Spuren von Lustnauer Soldaten an den Fronten des Ersten Weltkriegs

Ein Vortrag

Für die Nachgeborenen ist es nicht leicht, sich auch nur annähernd vorzustellen, was solche Verluste wirklich bedeutet haben, wie sie die Familien, die Bürgerschaft, das Land treffen mußten: 114 allzumeist junge Männer waren gefallen, vermißt oder an Kriegsfolgen gestorben – ein unfaßbar großer, wichtiger, zukunftsträchtiger Teil der Bevölkerung einer damals noch recht kleinen, dörflichen Gemeinde! Nimmt man an, Lustnau hätte während des Ersten Weltkriegs 2300 Einwohner besessen[1], so wären das fünf Prozent gewesen. Deutlich mehr als der Landesdurchschnitt! Das Königreich Württemberg hatte insgesamt 271 499 Kriegstote zu beklagen, das sind knapp über drei Prozent der Gesamtbevölkerung (prozentual übrigens die größte Kriegsopferzahl aller Länder des Deutschen Reichs), doch Lustnau liegt noch darüber.[2]

Aber Zahlen verhüllen nur das Leid, und ich will so sparsam wie möglich Gebrauch von ihnen machen;

stattdessen möchte ich berichten, erzählen, anschaulich darstellen, was zu entdecken ist, wenn man den Spuren der weit über fünfhundert Lustnauer Männer folgt – knapp die Hälfte davon waren verheiratet –, die zum Kriegsdienst eingezogen wurden oder sich freiwillig meldeten. Leider ist das kaum anhand von persönlichen Zeugnissen möglich, sondern fast nur, indem man den militärischen Einheiten folgt, in denen die Soldaten aus Lustnau gedient haben. Deren weit überwiegende Mehrzahl waren Infanteristen und gehörten in aller Regel einem jener vier Infanterieregimenter an, die die Kerntruppe der 26. württembergischen Reservedivision bildeten und unter dem Befehl des Generals von Soden standen; die meisten Lustnauer – um genau zu sein: 55 – gehörten zum 180. Infanterieregiment, dessen Heimatgarnison Tübingen war (die spätere Thiepval-Kaserne), die zweitgrößte Gruppe von Lustnauern – 35 – diente im 13. württembergischen Pionierbataillon, das den 180ern zeitweise angeschlossen war und mit ihnen vor allem in der Hunderttausende von Menschenleben verschlingenden Somme-Schlacht kämpfte.

Die Spur dieser Einheiten will ich zu meiner Hauptspur machen, nicht allein weil rund neunzig Lustnauer in ihnen Kriegsdienst taten, sondern weil in dem genannten Pionierbataillon auch mein Großvater, Fritz Oesterle, diente, geboren 1894 in dem schwäbisch-fränkischen Dorf Oberrot und von Beruf Schreiner – so wie auch seine Lustnauer Kameraden (das war üblich in Pioniereinheiten) samt und sonders Handwerker waren: Zimmermann etwa wie der noch im Sommer 1918 gefallene Christian Brack, Maurer wie Friedrich Fromm und Georg Füger oder Schlosser wie Jakob Heusel. Also, knapp ein Fünftel der in den Ersten Weltkrieg gezogenen Lustnauer diente in diesen beiden Einheiten, genau wie mein Großvater fast durchgehend an der Westfront, und zwar ganz weit vorne, und ebenfalls wie mein Großvater als einfache Soldaten. Ihnen will ich folgen, ohne die übrigen aus dem Blick zu verlieren …

Fürs erste benütze ich dazu jene im Stuttgarter Hauptstaatsarchiv eingesehenen Quellen, vor allem die sogenannten Kriegstagebücher, geführt im jeweiligen Kompaniestab, mit deren Hilfe ich bereits vor Jahren die Bahnen meines Großvaters durch den Großen Krieg verfolgt habe, und auf denen wohl auch seine aus Lustnau stammenden Kameraden zogen: Demnach stand ihre Pioniertruppe schon im zweiten Kriegsjahr an der Somme, weit im französischen Westen. Ihr Pionierpark mit sämtlichen Werkstätten befand sich in dem Dorf Beaumont, von wo aus sie den etwa zehn Kilometer langen Frontabschnitt zwischen den Dörfern Serre und La Boisselle zu betreuen hatte, in dem auch ein Dorf namens Thiepval lag. Auch Ovillers, wo der Lustnauer Fritz Sipple vermutlich seine erste Kriegsweihnacht erlebt und bedichtet hat, gehörte zu diesem Teil der Front. Anfangs standen die Deutschen hier noch französischen Truppen gegenüber, vom Frühjahr 1916 an sollten es britische sein.

Zu einem ersten größeren Gefecht an der Somme kam es Anfang Juni 1915, als die Franzosen bei Serre versuchten, die deutschen Linien zu durchbrechen. Das Gefecht begann mit, wie es heißt, »Artilleriefeuer von nie dagewesener Heftigkeit«[3], in Frühnebel und Pulverrauch stürmten französische Truppen die deutschen Gräben und drangen einen Kilometer weit vor, mitten im Kampfgetümmel das 19. württembergische Reserveinfanterieregiment und Fritz Sipple, der hier sein erstes großes Gefecht erlebt haben könnte; in einem anderen Gedicht – ich habe ihm meine Titelzeile entnommen – schreibt er:

Doch einen Blick aufs Schlachtfeld
Da sieht es traurig aus
Viel hundert liegen draußen
Ihr Leben ausgehaucht

Oh, Franzmann, merk dir's besser
Ein Schwab läuft nicht davon
Und wenn ihr noch so wettert
Mit eurer Schießkanon

Viele Deutsche fallen im Kampf um Serre, aber noch weit mehr Franzosen! In einer der Chroniken des 13. Pionierbataillons[4] wird auch berichtet, welche Fortschritte in der Waffentechnik sich in diesem Kampf erstmals mit Wucht bemerkbar machten, so etwa das

»Trommelfeuer« (vor allem aus Dutzenden Maschinengewehren), das die meisten Soldaten noch nie erlebt hatten und das sie massenhaft »verstörte«, wie es heißt. Auch der Gaskrieg wurde vor Serre eröffnet, weshalb an die Mannschaften erstmals »Schutzapparate gegen Giftgase« ausgegeben werden mußten. Ein nicht weit von Fritz Sipple stehender anderer Lustnauer, Christian Märkle, ist wohl in einem Nachgefecht zu Serre gefallen, und zwar am 30. Juni bei dem Dorf Fricourt, das des öfteren mit Giftgas angegriffen wurde und darum bei Soldaten beider Seiten einen Schreckensnamen besaß.

Erst vom Herbst 1915 an wurde die bislang nur oberflächlich gesicherte Front an der Somme auf deutscher Seite ausgebaut – das Tagesgeschäft von Pionieren. Denn weitere, noch größere Offensiven waren hier zu erwarten, und immer mehr Truppen wurden auf beiden Seiten zusammengezogen, um schließlich jene Schlacht schlagen zu können, die mit ihren mehr als einer halben Million Toten zu einer der furchtbarsten des gesamten Krieges werden sollte. Aus dem Kriegstagebuch der Kompanie meines Großvaters geht hervor, mit welchen schlachtvorbereitenden Arbeiten die Pioniere befaßt waren: der Herstellung von »Sehspiegeln« etwa, die die Kampfzone vermutlich zu überblicken halfen, ohne daß die Soldaten ihren Kopf zu weit aus dem Graben strecken mußten; dann mit dem Ausbau von Stollen und anderen Großanlagen vor allem bei Thiepval, des weiteren dem Bau von neuen

Kampf- und Laufgräben, Unterständen und Beobachtungsposten sowie einer Feldbahn, die den Transport von Waffen, Munition und Verpflegung zur Front sicherstellen sollte. Im Frühjahr 1916 folgten Arbeiten zum Anlegen von Minenfeldern, außerdem der Bau von Munitionsunterständen, die gegen feindliche Treffer zu schützen waren, sowie die Einrichtung von Mörserstellungen und Maschinengewehrnestern. Außerdem wurden »Scheinanlagen« errichtet, die den Gegner verwirren und seine wütenden Angriffe auf sich ziehen sollten. Ebenfalls Anfang 1916 forcierte der Gegner den »Minenkrieg«; teils aus vierzig Metern Tiefe seien die deutschen Linien angegriffen worden, und die Minen haben an der Somme Riesenkrater wie den »Lochnagar Crater« hinterlassen, die heute noch in der Landschaft zu finden sind, jeder so groß wie die Baugrube für ein Fußballstadion.

Ende Juni brach schließlich die einwöchige Kanonade los, die den Auftakt zur Somme-Schlacht bildete. Mein Großvater und vermutlich auch so mancher Pionier aus Lustnau dürfte sie genau wie den anschließenden Sturmlauf der Briten am 1. Juli in den sicheren Tiefbunkern des Pionierparks von Beaumont erlebt haben, die für sämtliche deutsche Einheiten gebaut worden waren. Diese Bunker waren wie alle Feldstellungen über und unter der Erde »schlicht undurchdringlich«, wie der Kriegsarchäologe Frieder Riedel es ausdrückt. Fliegerattacken verschärften die Angriffe noch, und der Chronist des 13. Pionierbataillons spricht von einem »fortwährenden Zittern und Beben des Erdbodens«, das eine Woche Tag und Nacht andauerte. Als die württembergischen Pioniere ihre Schutzräume wieder verließen, mußten sie zahlreiche verschüttete Stellungen und Unterstände »ausgraben«, Essen nach vorn zur kämpfenden Truppe schaffen und Tote mit zurücknehmen, sodann waren zerbombte Straßen und Wege wiederherzustellen, Baustoffe sowie Lebensmittel aus der Etappe zu besorgen und vorrangig in der Dunkelheit die Frontlinie zu bewachen, etwa indem man sie mit Leuchtspurmunition erhellte, um gegnerische Kommandounternehmen abzuschrecken. Zehn Tage rannten die laut Chronik »vollbepackten Engländer« unter größten Verlusten immer wieder gegen die bestens gesicherten deutschen Linien an – waren alle Pionierarbeiten erledigt, mußte die Truppe befehlsgemäß »zur Beteiligung am allgemeinen Kampf« übergehen. Wer ihn überlebte, durfte anschließend im Pionierpark wieder ans Werk, um sich an der massenhaften Herstellung von Särgen und Grabkreuzen zu beteiligen und die Gefallenen – auch das Pionierarbeit – unter die Erde zu bringen.

Kernstück des deutschen Graben- und Bunkersystems im Zentrum der Somme-Schlacht war die »Schwabenfeste«, gelegen teils über, teils unter den Äckern von Thiepval. Mein Großvater sowie einige der Lustnauer Pioniere dürften mit ihrer jeweiligen

Kompanie auch an ihrem Bau beteiligt gewesen sein. Dieses uneinnehmbare Verteidigungssystem bestand aus mehreren Grabenlinien samt Drahthindernissen, bunkerartigen Schutzräumen mit diversen Ausgängen, Telefonzentralen, Ruhe- und Versorgungsräumen, Lazaretten und sogar einer eigenen Wasser- und Stromversorgung. Manche dieser Fortifikationen lagen bis zu zwanzig Meter tief unter der Erde und faßten tausend Mann.

Blickt man auf die Karten, in denen dieser Frontabschnitt verzeichnet ist, erkennt man sofort, woher die Soldaten stammten, die ihn ausgebaut hatten. Die meisten Gräben nämlich trugen heimatliche Namen: Zollerngraben etwa oder Stauferweg, Meisen- oder Münstergasse, Josenhans-, Stockacher oder Ulmer Graben, Königstraße, und selbst eine Mordiogasse wie in der Tübinger Altstadt gab es auf dem Schlachtfeld von Thiepval. Wer einmal aus der Kampfzone herauskam, konnte in das vergleichsweise sichere, zwölf Kilometer nördlich gelegene Ligny-Tilloy fahren, wo der Zahlmeister des 180. Infanterieregiments für alle Dienstgrade eine »Erholungsstätte« eingerichtet hatte, die »Tübinger Hof« hieß.

Die auffallend heimatliche Namensgebung geht jedoch keineswegs auf die kämpfende Truppe zurück, die damit ihr Heimweh gestillt haben könnte, nein, sie entsprang vielmehr der gezielten Kriegspropaganda von oben. Die deutschen Soldaten sollten an der

Somme offenbar Heimatgefühl entwickeln und sich nicht in einer abweisenden Fremde fühlen. So heißt es im »Lied der 180er« aus Tübingen:

Thiepvals Mauerreste beben,
In den Höhlen, in den Gräben
Spitzt der Schwabe scharf das Ohr,
»Das ist Württemberger Boden«,
Sprach der General von Soden,
»Wer ihn will, der zahl' zuvor!«

Der große Angriff auf das deutsche Bollwerk an der Somme erfolgte am 1. Juli 1916, nachdem zuvor eine Woche lang aus zweitausend Geschützen auf die deutschen Linien gefeuert worden war. Das britische Oberkommando hatte gehofft, die feindlichen Soldaten mit diesem Bombardement zu töten, zu verschütten oder wenigstens bis zur Kampfunfähigkeit zu zerrütten. Doch als die Briten schließlich durch das Niemandsland auf die vordersten deutschen Gräben zuliefen, fanden sie die Brustwehren und vor allem die Maschinengewehrstellungen der »Feste Schwaben« voll besetzt. Die Deutschen hatten den Beschuß in ihren teils ausbetonierten Unterständen, Stollen, Tunnels und Tiefkasernen weitgehend unversehrt überstanden.

Das deutsche 180. Regiment aus Tübingen verlor von etwa 3000 Mann am 1. Juli rund 280, die angreifende 8. britische Division verlor 5121 von 12 000.[5] Mit den Worten eines schwäbischen Tagebuchschreibers, der dabei war: »Die Maschinengewehre haben wunderbar gearbeitet.«

Das MG, vor allem des Typs Maxim 08 aus dem Jahr 1915 – im Soldatenjargon »08/15« –, war die mörderischste Waffe im Infanteriekrieg; MGs kamen damals keineswegs vereinzelt zum Einsatz, sondern standen in großer Dichte an jedem noch so kleinen Frontabschnitt. Allein vor dem Dorf Pozières sollen die Deutschen über rund hundert von ihnen verfügt haben.

Zwei Jahre hielt das 180. Infanterieregiment in Thiepval aus – bis die Briten die »Wurtenburgers« am 26. September 1916 vertrieben: aus einem Trümmerhaufen, unter dem Hunderte von Leichen lagen. Gefallen oder einer schon älteren Verwundung erlegen ist an diesem Tag der Lustnauer Ernst Ehmann, während Friedrich Göhring am selben Tag in britische Kriegsgefangenschaft geriet; ein anderer Lustnauer, Friedrich Heusel, 21, war bereits am 5. Juli in Thiepval gefallen …

Das 180. Infanterieregiment zog sich so wie die übrige Division nach Norden zurück, in die sichere »Siegfried-Stellung«. Doch bevor sämtliche Einheiten die Somme-Front und ihr Umland verließen, hatten sie Anfang 1917 noch das »Unternehmen Alberich« auszuführen, mit anderen Worten: verbrannte Erde zu hinterlassen auf dem gesamten Kampfgebiet! Zunächst wurde dabei die noch verbliebene Bevölkerung verjagt oder deportiert, dann wurden die Brunnen verseucht oder gesprengt, die Kirchen zum Einsturz gebracht, restlos alle Bäume auch entlang der Überlandstraßen gefällt und Behausungen aller Art zertrümmert oder eingerissen. Schließlich wurden für die nachrückenden Briten überall Sprengfallen von »erfinderischer Bösartigkeit« angebracht, wie Ernst Jünger in seinen »Stahlgewittern« festgehalten hat. Zweihundert im Krieg bislang noch nicht oder nicht völlig zerstörte Dörfer wurden auf diese Weise in Schutt und Asche verwandelt. Das 180. Infanterieregiment führte den »Alberich«-Befehl des deutschen Oberkommandos unter anderem in dem Dorf Douchy aus; davon ist auf dem Tübinger Denkmal dieser Truppe, draußen bei der Thiepval-Kaserne, allerdings nichts zu lesen.

Aber auch mein Großvater und seine Einheit, die vierte Kompanie des 13. württembergischen Pionierbataillons, haben den »Alberich«-Befehl mit ausgeführt, und zwar an der Seite des 180. Infanterieregiment, dem sie zeitweise zugeteilt war. »Arbeiten am Feind« nennt der Chronist dieser Feldpioniere die »Alberich«-Zerstörungen harmlos und vergeudet kein Wort darüber, daß es sich um Kriegsverbrechen handelte.

Bis in den Hochsommer 1917 sollten die schwäbischen Pioniere hier verweilen, dann wurden sie in die dritte Flandernschlacht geschickt, bevor sie noch einmal nach Nordfrankreich zurückkehrten, um im Spätsommer und Herbst 1918, nicht lange vor Kriegsende, an der letzten Schlacht vor Cambrai teilzunehmen, bei der auf britischer Seite Hunderte von Panzern eingesetzt wurden. Diese Schlacht brachte Ernst Jünger – siehe den Schluß seiner Kriegserzählung – den höchsten deutschen Kriegsorden »Pour le mérite«, einem Lustnauer 180er aber den Tod: dem Unteroffizier Friedrich Queck am 29. September, während der einfache Lustnauer Musketier Christian Hirn einen Monat zuvor bereits am selben Ort verwundet worden war.

Im gleichen Zeitraum und in den fürchterlichen Final-Schlachten an der Westfront, etwa der deutschen Michael-Offensive im Frühjahr 1918, sind die jüngsten Lustnauer Soldaten umgekommen: der nicht lange davor 18 gewordene MG-Schütze Gustav Dollhopf, der im Lazarett starb, sowie der 19-jährige Infanterist Eugen Heusel, dessen Bruder bereits zwei Jahre davor gefallen war, oder der ebenfalls 19-jährige Pionier Christian Pfeiffer. Je länger der Krieg dauerte, desto jünger wurden seine Soldaten und folglich auch seine Toten. Der Altersdurchschnitt der deutschen Gefallenen des Jahres 1918 lag schließlich bei zwanzig Jahren (die drei soeben genannten Lustnauer lagen sogar noch darunter!) – und insgesamt sind im Ersten Weltkrieg 6974 Württemberger gefallen, die unter zwanzig waren, der jüngste, ein Saulgauer Füsilier namens Joseph Kirchenmayer, war 14 und starb an der Ostfront.[6]

… und je tiefer ich mich in das Verzeichnis der Lustnauer Kriegsteilnehmer versenke, desto härter faßt mich der Schrecken an: etwa beim Blick auf die Soldaten mit den Nummern 308 und 483, Albert Märkle und Fritz Sipple (der Dichter); beide dienten bei Infanterieeinheiten, wohlgemerkt: bei verschiedenen, doch beide fielen am selben Tag, dem 21. Mai 1917, und zudem am selben Ort, unweit von Bullecourt; der eine, Märkle, war 23, der andere, Sipple, 37 Jahre alt. Bullecourt, so hieß der Ort im Norden der Somme-Front, an dem im Frühjahr 1917 britische und vor allem australische Einheiten bei zwei Großangriffen versuchten, die deutschen Linien zu durchbrechen. Sie scheiterten blutig, aus der Ferne mit schwerem Artilleriefeuer belegt, in der Nähe deutschen Flammenwerfern, Bajonetten und Handgranaten ausgesetzt. Allein 7000 Australier fielen in kurzer Zeit, und im »Australian Memorial« von Bullecourt findet sich heute ein Feldpostbrief, den der australische Leutnant Barlow, Lehrer und vierfacher Vater, seiner Frau nach Hause schrieb, bevor er am 12. Mai fiel, nur rund eine Woche vor den beiden Lustnauern: »Der Krieg«, steht in diesem Brief, »tötet die besten Männer und zerstört alles, was im Leben schön und zivilisiert ist.«

Entsetzlich auch das Beispiel der Familie Härle, und ich will es unkommentiert vor Sie hinstellen; sechsmal kommt der Name im Verzeichnis vor, fünfmal steht dabei »Karls Sohn«, so daß ich annehmen muß: alles Brüder! Zwei von ihnen, Heinrich und Karl, sind offenbar unverletzt heimgekehrt; zwei weitere, Albert und Paul, aber sind gefallen, der eine ganz zu Beginn des Kriegs am Chemin des Dames, der andere ziemlich am Ende des Kriegs nahe Reims. Doch noch bevor der erste fiel, ist ein weiterer Bruder, Wilhelm, schon im ersten Kriegsmonat in Lothringen schwer verwundet worden und, so vermute ich, für sein weiteres Leben gezeichnet … unermeßlich mag die Trauer dieser Lustnauer Familie gewesen sein!

Schrecklich auch das Schicksal des Zimmermanns Gottlob Kress, dessen Vater ebenfalls noch zwei weitere Söhne im Feld hatte … – dieser Infanterist, kaum zwanzig Jahre alt, war in russische Kriegsgefangenschaft geraten und wurde zur Zwangsarbeit in den Norden des Landes geschafft: um so wie Tausende von anderen Kriegsgefangenen – deutsche, aber vor allem österreichische –, an der sogenannten Murmanbahn mitzubauen. Deren rund 1500 Kilometer lange Schienenstrecke führt von St. Petersburg nach Murmansk, zu dem ganzjährig eisfreien russischen Kriegshafen, über den Rußlands Verbündete im Westen kriegswichtige Güter liefern wollten. So entstand unter tödlichem Zeitdruck die nördlichste Bahnstrecke Europas; kaum wurden Trassen angelegt, die Arbeiter, meist Sträflinge und Kriegsgefangene, mußten – hart angetrieben – in weniger als zwei Jahren eine schnurgerade Schneise durch den Wald schlagen, in der die Bahn einspurig verkehren konnte. Die Versorgung war miserabel, Ärzte gab es überhaupt keine, das Klima war selbst im Sommer menschenfeindlich, und fast die Hälfte der 70 000 Murman-Zwangsarbeiter kam ums Leben, nicht selten an Skorbut – ein brutaler Vorgeschmack auf das, was deutsche Kriegsgefangene nach dem nächsten Krieg oder Millionen von Sträflingen in Stalins Gulag erleben sollten … der junge Lustnauer Gottlob Kress jedenfalls ist am 18. November 1916 sehr fern von seiner Heimat und in hoffnungsloser Lage gestorben.

Doch eine wahrhaft menschenfressende Schlacht auf belgischem Boden soll hier noch einmal erwähnt werden, nämlich die dritte Flandernschlacht, die im Sommer und Herbst 1917 wütete (Ernst Jünger berichtet, daß ihr Schlachtfeld noch von den Leichen älterer Kämpfe übersät war). Knapp ein Dutzend Lustnauer dürften an ihr teilgenommen haben, sind verwundet oder getötet worden oder kamen in Gefangenschaft, unter anderem: Karl Pfeiffer, er fiel am 5. September, Friedrich Nagel am 22. Oktober (Nagels Vater, Geburtsjahrgang 1871, der ebenfalls Soldat gewesen war, sollte dreizehn Monate nach seinem Sohn zu Hause an Kriegsfolgen sterben); verwundet beziehungsweise schwer verwundet wurden in dieser Flandernschlacht Wilhelm Steinhilber und Josef Offenburger, beide im August.

Wir sprechen von einzelnen und ahnen dahinter die Vielen, Allzuvielen … und der Menschenopfer war kein Ende …

Beim Durchblättern der Lustnauer Liste kann man

indes auch darüber nachsinnen, wie wohl ein »Feldbäcker« den Krieg erlebt hat: ein solcher war nämlich der in der Heimat zum Bäcker ausgebildete Ernst Märkle, der in der Train-Abteilung, sprich: im Fuhr- und Versorgungswesen einer größeren Einheit diente. Mit Abertausenden von anderen Soldaten hatte der Bäcker Märkle gemein, daß er verwundet wurde, im Frühjahr 1915 bei Ypern in Belgien, was bei ihm auf zweierlei Art geschehen konnte: einmal in einer der Feldbäckereien, die das württembergische Armeekorps betrieb, die größte davon in Werwicq, nahe der belgisch-französischen Grenze; das andere Mal drohte einem Feldbäcker Gefahr, und zwar eine weit größere, wenn er mit seinem fahrbaren Backofen draußen an der Front unterwegs war – genau wie die Essensläufer, welche die kämpfende Truppe mit Suppe oder Wein versorgten und ein bevorzugtes Ziel von Scharfschützen waren, die Befehl hatten, den Nachschub zu stören, weil hungrige Soldaten nicht so ausdauernd kämpften wie satte …

Ein Feldbäcker diente normalerweise in einer »Bäckereikolonne«, die aus drei Offizieren und 190 Mann bestand, darunter zwölf Oberbäcker, 24 »Schießer«, 78 Feldbäcker wie den Lustnauer Märkle … außerdem rund hundert Pferde und zwölf vierspännige Backöfen … allein der Tagesbedarf einer solchen Kolonne an Mehl belief sich auf über zehntausend Kilo, an Wasser auf über achttausend Liter, wozu – in der Sprache der Kriegspropaganda – die »Verpflegungsquellen des

Unterkunftsgebiets aufs äußerste nutzbar gemacht« wurden, im Klartext: man hat die Franzosen nach Strich und Faden ausgeplündert.[7]

Aber ich muß auch noch von der Ostfront sprechen, jener Front, die im kollektiven Gedächtnis der Deutschen keine der Westfront vergleichbare Rolle einnimmt; auch dort sind württembergische Soldaten zum Einsatz gekommen – gegen Russen, Serben oder Rumänen –, ebenso verwundet worden oder gefallen, darunter etliche, die aus Lustnau stammten. In der Regel gelangten sie mit jenen Infanterie-Einheiten nach Osten, die eigentlich in Frankreich standen, dort jedoch abgezogen wurden, um zeitweise an der Ostfront quasi auszuhelfen, falls deutsche oder österreichische Truppen Rückschläge erlitten. Wenn, so die Illusion des deutschen Oberbefehls, mit den schwachen Franzosen und ihren noch schwächeren Verbündeten erst aufgeräumt sein würde, dann könnte die gesamte deutsche Armee sich mit voller Wucht den weit gefürchteteren östlichen Feinden entgegenwerfen. So kam es, daß Lustnauer Angehörige des 119. württembergischen Grenadierregiments wie Karl Brack oder Christian Theurer während der ersten beiden Kriegsjahre nach Polen und Rußland gekarrt wurden; Theurer ist noch im September 1914 gefallen; Brack, der zuerst in den Argonnen gekämpft hatte, wenige Monate darauf, im Januar 1915, verwundet worden.

Und noch etwas zum Charakter des Ersten Weltkriegs in Osteuropa: Er war, anders als in Frankreich, kein Stellungskrieg. Die Ostfront war doppelt so lang wie die Westfront – sie reichte vom Baltikum bis in die Ägäis –, auch gab es dort, wie ein Historiker formuliert, »zwei Drittel weniger Gewehre pro Meter«. Frontdurchstöße waren also eher möglich, was die Generalität aller Seiten zu opferreichen Großoffensiven ermutigte. Oft wurde eine der Fronten um gleich hundert Kilometer verschoben – bis Anfang 1918 undenkbar im Westen. Häufig wechselte damit auch die Besatzung. Und da die Kampfgebiete meist Vielvölkerland waren, stießen die Besatzer nicht selten auf die Illoyalität oder gar den Widerstand einzelner Bevölkerungsgruppen. An der Ostfront litt die Zivilbevölkerung noch weit mehr als im Westen. Der Historiker Herfried Münkler nennt sie darum einen »Raum der Galgen und Gehenkten«: ein trauriger Vorgriff auf spätere ethnische »Flurbereinigungen«. Die Hauptopfer waren vor allem Serben, Juden und Ukrainer (namentlich in Serbien haben die Österreicher noch schlimmer gewütet als die Deutschen in Belgien, denken Sie etwa an die Niederbrennung der Universitätsstadt Löwen).

Der Krieg gegen das kleine Serbien übrigens gestaltete sich ungeahnt schwierig. Gleich drei k.u.k.-Armeen kamen gegen die unterlegenen, aber hochmotivierten Serben während des ganzen ersten Kriegsjahrs nicht recht voran. Darum begannen die Österreicher zusammen mit deutschen Truppen Anfang Oktober 1915 einen Großangriff, der mit der Einnahme Belgrads seinen Höhepunkt erreichen sollte. Zum deutschen Kontingent zählte auch das aus Frankreich nach Osten beorderte 121. württembergische Infanterieregiment – und in ihm diente der dreißigjährige Lustnauer Maurer Wilhelm Fromm; als das Regiment wenige Wochen darauf nach Frankreich zurückbeordert wurde, war Fromm nicht mehr dabei: gefallen am 25. Oktober 1915, »bei Vagan«, wie es im Verzeichnis der Lustnauer Kriegsteilnehmer heißt. Vagan aber, das ist der Name eines Bergs in Montenegro, knapp 1800 Meter hoch, und dort fanden genau zu jener Zeit, in der Fromms Todestag liegt, schwere Kämpfe statt: an den Flanken, in den Schluchten, auf nacktem Fels. Bis hierher hatten nicht zuletzt württembergische Einheiten die verbliebenen serbischen Truppen verfolgt, die vor der endgültigen Niederlage nach Süden ins Gebirge auswichen. In die Landesgeschichte ist diese Massenflucht von Soldaten und Zivilisten als »Großer Rückzug« eingegangen; von da an aber war Serbien fast ganz in Feindeshand.

Von einem anderen Kampfplatz im Osten will ich Ihnen gleichfalls noch berichten: von Ostpreußen. Dieses Land zwischen Baltikum, Polen und Rußland, damals noch sagenumwobener Teil des Deutschen Reichs mit Kants Königsberg sowie mittelalterlichen Ordensritterburgen, war der erste Brennpunkt dieses Kriegs neben Flandern und der Marne. Von 1914 auf 15 hatte die russische Armee vor allem mit Kosaken-Einheiten zwei Drittel dieser östlichsten deutschen Provinz besetzt. Es sollte das einzige Gebiet des Reiches bleiben, das feindliche Truppen im Ersten Weltkrieg einnehmen konnten – und trotz Hindenburgs Sieg bei Tannenberg flüchtete die Zivilbevölkerung massenhaft gen Westen; allein sechseinhalbtausend Frauen und Kinder aber wurden von den Russen nach Sibirien verschleppt, 1500 Menschen teils nach Standrecht getötet. Plünderungen und Brandstiftungen waren an der Tagesordnung – Vorgänge, nach denen die Propaganda das Schreckbild von den »slawischen Barbaren« zeichnete, das sich in Deutschland jahrzehntelang halten sollte. Hier in Ostpreußen schien der Krieg, den die Deutschen führten, ein echter Verteidigungskrieg zu sein, was auch innenpolitisch, etwa zum Erhalt des »Burgfriedens«, genutzt werden konnte.

Im Februar 1915 eröffneten die Deutschen unter General Ludendorff eine Großoffensive, die sogenannte Winterschlacht von Masuren, mit der die russische Armee weit auf polnisches Gebiet zurückgedrängt werden sollte. In den zahlreichen kleineren Gefechten, die dieser Schlacht folgten und sich vereinzelt bis Sommer hinzogen, starben auch zwei aus Lustnau stammende, jeweils 22 Jahre alte Musketiere, Erwin Meier (mit e-i) sowie Gottlieb Maier (mit a-i): der Letztere fiel Mitte Juni als Angehöriger einer hessischen Einheit, offenbar in den Stellungskämpfen (um den Forst von Augustow) bei Suwalki, der Erstere bereits Ende März als Angehöriger einer preußischen Einheit bei der Stadt Przasnysz – mit Blick auf seinen Todestag, den 28. März, wahrscheinlich beim Rückzug der deutschen Truppen unter wachsendem russischen Druck wiederum nach Ostpreußen.

Gegen Ende meines Erkundungsgangs will ich Ihnen noch etwas über Kriegsgefangenschaft erzählen, zumal immerhin 26 junge Männer aus Lustnau zwischen 1914 und 18 in Kriegsgefangenschaft geraten sind, in englische, russische, amerikanische, belgische und vor allem französische. Über Kriegsgefangenschaft im und nach dem Ersten Weltkrieg (im Unterschied zur Zeit nach dem Zweiten) ist nicht sehr viel bekannt, gleichwohl man sie vor allem im letzten Jahrzehnt ziemlich gut erforscht hat. Sie kennen vielleicht Elsa Brandström, die schwedische Krankenschwester, die als »Engel von Sibirien« mutig für deutsche und österreichische Kriegsgefangene eingetreten ist, um deren Los im fernen und fernsten Rußland zu verbessern – ohne sie und ihre einst vielgelesenen Berichte wäre vermutlich noch weniger über das Elend der Kriegsgefangenschaft dieser Jahre an die Öffentlichkeit gedrungen.

Die extremen Bedingungen, denen Kriegsgefangene beim Bau der Murmanbahn ausgesetzt waren – der Lustnauer Gottlob Kress erlag ihnen – wurden bereits angesprochen: kein Zufall also, daß in russischer Kriegsgefangenschaft mit Abstand die meisten Kriegsgefangenen umgekommen sind. Außerdem versuchte das russische Oberkommando, Soldaten je nach ihrer Herkunft, vor allem aus dem habsburgischen Vielvölkerreich, »umzudrehen« und für die Kriegsziele der Entente zu gewinnen – das freilich war völkerrechtswidrig.[8]

Im Westen mußten unzählige deutsche Kriegsgefangene bis Anfang 1920 in Kriegsgefangenschaft bleiben, gewissermaßen als Faustpfand bis zum Inkrafttreten des Versailler Vertrags. In sämtlichen Ländern, die unter Kriegsfolgen aller Art zu leiden hatten, ging es von Anfang an um die Frage, wie man die feindlichen Kriegsgefangenen zu nützlicher Arbeit heranziehen, anders gesagt: als ökonomische Ressource nutzen konnte. In Großbritannien kam nur rund ein Zehntel der über 300 000 deutschen Kriegsgefangenen zum Einsatz, etwa als Erntehelfer, Waldarbeiter, Straßenbauer, Drainageleger, Steinklopfer und partiell, obwohl die Gewerkschaften dagegen waren, als Hilfsarbeiter in Industriebetrieben oder Zementfabriken. Wer arbeitete, bekam mehr zu essen (2700 statt 2000 Kalorien), in der Industrie durchschnittlich einen Penny Tageslohn, und die Freizügigkeit der britischen »Gewahrsamsnation« scheint in der Regel groß, die Repression hingegen gering gewesen zu sein: »Die Gefangenen machten, was sie wollten, wann sie wollten und wie sie wollten«, liest man in einem Bericht aus dieser Zeit.[9]

Am besten freilich ging es den Offizieren! Dort, wo völkerrechtliche Standards eingehalten wurden, lebten sie in eigenen Lagern und in militärischer Ordnung. Die »Privilegien« etwa bei der Unterbringung, Ernährung, sportlicher und kultureller Unterhaltung waren »beträchtlich«, wie die »Enzyklopädie Erster Weltkrieg« weiß[10], und am schönsten: für die Herren Offiziere bestand keinerlei Arbeitszwang. Dennoch erhielten sie einen »festgelegten Sold«. Trotzdem sollen, so wie in den Mannschaftslagern, auch in den Offizierslagern Ungehorsam und Flucht oft und öfter vorgekommen sein, denn grausam wütete die sogenannte Stacheldrahtkrankheit, eine Art Kriegsgefangenendepression, die auf allen Seiten zu finden war und zu der, je länger, je mehr, zehrendes Heimweh gehörte.

Von ganz besonderer Art war das Leben der gleichfalls rund 300 000 deutschen Kriegsgefangenen in Frankreich. Man hatte sie zunächst auf 150 Lager über das gesamte Land verteilt, bis die französische Regierung kurz nach Kriegsende fast alle diese Gefangenen an die ehemalige Front transportieren ließ – zusammen immerhin fast 800 Kilometer von Mühlhausen bis Calais –, um sie Gräben, Trichter und Gefechtsstellungen räumen zu lassen, unter anderem von scharfer Munition – vor allem aber um Zehntausende von Gefallenen aller Seiten, die dort seit Jahren in jammerwürdigem Zustand lagen, mit ihrer Hilfe endlich zu bergen und zu bestatten. Etwa von November 1918 bis in den März

1920 zog sich diese schreckliche Arbeit hin. Viele deutsche Kriegsgefangene sind dabei umgekommen: von Blindgängern zerfetzt, in Dutzende von Metern tiefen Granatlöchern und Minenstollen verschüttet oder ertrunken, an Krankheit gestorben oder bei Verzweiflungsrevolten und Fluchtversuchen von ihren Wächtern erschossen – auch zahlreiche Selbstmorde soll es unter all jenen gegeben haben, die nun die »Armee der Toten« aufstellen und Buch über sie führen mußten. So erzählen es zumindest die Gebrüder Ziese, junge Kriegsveteranen, deren einer bei dieser Truppe diente. Die Zieses haben einen beeindruckenden Bericht über die Hinterlassenschaften des Ersten Weltkriegs verfaßt.[11] Auch von den ungeheuerlichen Erlebnissen der Kriegsgefangenen *nach* dem Krieg ist darin die Rede: etwa von Massengräbern, deren oberste Erdschicht bestückt war mit Dutzenden Erkennungsmarken – von jeder Marke aus lief ein Draht hinunter ins Grab und war dort am Hand- oder Fußgelenk des Toten, zu dem sie gehörte, befestigt, damit man ihn identifizieren konnte; oder die Rede ist von Eltern und Ehefrauen aus Deutschland, die in damals noch seltenen Autos anreisten, um illegal die sterblichen Überreste ihrer Söhne und Männer aus den noch frischen Soldatenfriedhöfen freizukaufen und im Kofferraum mit nach Hause zu nehmen, wo sie im Familiengrab ihre letzte Ruhe finden sollten.

Frankreich verstand den langen Verbleib von deutschen Kriegsgefangenen im eigenen Land als Beitrag zur moralischen und finanziellen Wiedergutmachung – besonders freilich in jenen Gegenden Nordfrankreichs, in denen die deutschen Truppen planmäßige Zerstörung betrieben oder Geiseln genommen und sie nicht selten erschossen hatten. Darum war auch die französische Bevölkerung mit den Zwangsmaßnahmen gegen die ehemaligen deutschen Besatzer sowie ihrer Zusammenstellung zu »Reparationsbrigaden« einverstanden. Und sehr häufig sahen deutsche Kriegsgefangene sich bei ihrer nervenaufreibenden Tätigkeit überdies noch schlimmen Anfeindungen ausgesetzt, obwohl das Rote Kreuz auch von Solidarität, Hilfe und Trost aus der Zivilbevölkerung zu berichten weiß.[12]

So war es, salopp gesagt, der kleine Mann, der, egal ob im Feld oder in Gefangenschaft, die Hauptlast des Krieges zu tragen hatte, bis zur totalen Auszehrung. Doch kaum wieder zu Hause, flüsterte man ihm ein, daß er mit seinem Mut und seiner Opferbereitschaft den Krieg eigentlich gewonnen habe, und daß dieser Krieg nur durch Verrat der Heimatfront, namentlich den Verrat kriegsmüder und friedensbereiter Politiker verloren worden sei. Das war die Geburt der »Dolchstoßlegende«, die nicht bei allen verfing, aber doch bei den Vielen-Allzuvielen, die nicht damit fertig wurden, daß die Opfer, dargebracht von jungen Männern aus Lustnau und anderswoher, sinnlos gewesen waren. »Es kann nicht sein, daß zwei Millionen Deutsche umsonst gefallen sind … Nein, wir verzeihen nicht, sondern fordern Vergeltung!« Dieser Satz wurde gesprochen im Jahr 1922, und er kam aus dem Mund eines Weltkriegsteilnehmers, der den Krieg gut kannte und ihn an der Somme und in Flandern mit geführt hatte: Adolf Hitler. Und ihm hat sich schon bald die nächste Generation in ihrer Mehrheit angeschlossen – ich weiß es aus meiner Familie.

Während für meinen Großvater mit Kriegsende und Novemberrevolution die Stunde der Demokratie gekommen war, der er aus voller Überzeugung folgte, um sich auch von Hitler nicht darin beirren zu lassen, folgten seine beiden ältesten Söhne, einer davon mein Vater, jenem anderen Weltkriegsteilnehmer, der ihnen versprach, die Schmach der Niederlage in einem neuerlichen Krieg zu tilgen, eine Familienkonstellation, die es in Deutschland millionenfach gab. Für die Lehren aber, die mein Großvater, der Schreiner und ehemalige Pionier Fritz Oesterle, aus der Erfahrung des Ersten Weltkriegs zog, liebe und verehre ich ihn bis heute: Nie wieder, so lautet diese Lehre, darf es in unserem Land einen Staat geben, der so wie das wilhelminische und später das Hitler-Reich maßlos über das Leben einzelner entscheidet, sie als Staatseigentum betrachtet und verheizt nach Gutdünken, oft für dubiose, häufig genug für verbrecherische Ziele; der ihr Leben in Hunderttausender-Größe auslöscht und nach persönlichen und familiären Folgen nicht fragt;

der Hingabe an die Nation bis zum Selbstopfer verlangt – aber die Menschen nicht wirklich respektiert, schätzt oder fördert.

Einzig und allein der demokratische Rechtsstaat handelt nicht so! Doch wer an Demokratie und Rechtsstaat auf nationaler oder europäischer Ebene gegenwärtig nicht so recht glauben mag, dem empfehle ich, einen Soldatenfriedhof zu besuchen. Um dort zu erleben, was der König von England in den zwanziger Jahren auf einem der Soldatenfriedhöfe Flanderns bereits erlebt hat, nämlich die Gewißheit, daß die Kriegstoten »die mächtigsten Fürsprecher des Friedens« sind.

Anmerkungen

[1] Im Jahr 1901 hatte Lustnau, heute ein Stadtteil der Universitätsstadt Tübingen, 1800 Einwohner, 1927 waren es 2800; für die Zeit des Ersten Weltkriegs ist eine Einwohnerzahl nicht zu ermitteln, weshalb ich mich entschieden habe, den Mittelwert zu nehmen.

[2] Siehe: Artur von Haldenwang, Statistik und Verluste der Württemberger im Ersten Weltkrieg 1914-18, Stuttgart 1936.

[3] Zitiert nach: Frieder Riedel, Zwischen Kriegsgericht und Heldentod. Der Grabenkrieg an der Somme 1914-1916, Leinfelden-Echterdingen 2007.

[4] Es handelt sich um Ludwig Knies' Buch: Das württembergische Pionierbataillon 13 im Weltkrieg 1914-18, Stuttgart 1927.

[5] Siehe dazu: John Keegan, Das Antlitz des Krieges, Frankfurt/Main 1991.

[6] Fußnote 2.

[7] Siehe dazu das »Erinnerungs- und Volksbuch« des Generalleutnants Otto von Moser: Die Württemberger im Weltkriege, Stuttgart 1927 ff.

[8] Dazu etwa: Reinhard Nachtigal, Kriegsgefangenschaft an der Ostfront 1914-18, Frankfurt/Main u.a. 2004.

[9] Siehe: Jochen Oltmer (Hg.), Kriegsgefangene im Europa des Ersten Weltkriegs, Frankfurt/Main 2006.

[10] Enzyklopädie Erster Weltkrieg, hg. v. Gerhard Hirschfeld u.a., Paderborn 2003, darin finden sich zahlreiche Stichwörter, die es auch dem historischen Laien leicht machen, sich den Ersten Weltkrieg zu erschließen.

[11] Maxim Ziese und Hermann Ziese-Beringer, Das unsichtbare Denkmal. Zehn Jahre später an der Westfront, Berlin 1928.

[12] Fußnote 9.

Dieser Vortrag wurde am 23. September 2017 auf Einladung des Geschichtsvereins Lustnau dortselbst gehalten. Anlaß war das Erscheinen der Chronik »Lustnau vor hundert Jahren … daheim und im Krieg«, in der auch jenes »Namentliche Verzeichnis der Ausmarschierten« aus dem Jahr 1919 nachgedruckt ist, das die unentbehrliche Grundlage meines Vortrags bildet. Dieser Chronik sind gleichfalls die drei Bilder entnommen, mit denen meine Lustnauer »Exkursion« illustriert ist.

Karl Betz, »Fröhliche Mahlzeit«, 1917
(Quelle: Kreisarchiv Tübingen)

Karl Betz, zerstörtes Rathaus von Bellicourt, 1918
(Quelle: Kreisarchiv Tübingen)

Fünf Lustnauer im Feld, 1916;
sie vermissen angeblich nur das heimische Bier.
(Quelle: privat)

Autor und Verleger danken Herrn Eugen Klenk aus Fornsbach am Waldsee, Baden-Württemberg, dafür, daß er das Erscheinen dieses Buchs finanziell großzügig unterstützt hat.

Zum Titelbild: Feldpostkarte, hergestellt in der Garnisonsstadt Ulm a.d. Donau, Juni 1915, mit noch in Ausbildung befindlichen Soldaten einer Ersatzkompanie des 13. württembergischen Pionierbataillons, in dem auch mein Großvater diente. Das Bild ist ein Zufallsfund und wurde mir freundlich überlassen vom Stadtarchiv Tübingen; mein Dank geht an dessen Leiter, den immer hilfreichen Udo Rauch.

Kurt Oesterle

Weitere Essays des Autors, vor allem die Sammlung »Heimatsplitter im Weltgebäude«, finden sich auf seiner Homepage *www.kurt-oesterle.de*.

Kurt Oesterle

wurde 1955 in Oberrot/Nordwürttemberg geboren, studierte Literatur, Geschichte und Philosophie; Dr. phil., freier Autor und Journalist. Monographien und Essays über Wolfgang Koeppen und Peter Weiss, über Schiller, Heine, Hebel, Hauff und Uhland. Ausgezeichnet u.a. mit dem Berthold-Auerbach-Preis.

Bei Klöpfer & Meyer erschienen mit großem Erfolg in mehreren Auflagen: »Der Fernsehgast oder Wie ich lernte, die Welt zu sehen. Roman« (2002), »Stammheim« (2003), »Mordwand und Todeskurve« (2008), »Der Wunschbruder. Roman« (2014), »Martha und ihre Söhne. Roman« (2016) – und zuletzt, von ihm mit einem großen Essay eingeleitet, Wilhelm Waiblingers Hölderlin-Biographie, die allererste Hölderlin-Biographie überhaupt: »Friedrich Hölderlins Leben, Dichtung und Wahnsinn« (2017).

www.kurt-oesterle.de

ISBN 978-3-86351-469-3

Umschlaggestaltung: Christiane Hemmerich
Konzeption und Gestaltung, Tübingen.
Korrektorat: Sabine Besenfelder, Tübingen.
Herstellung: Horst Schmid, Mössingen.
Satz: CompArt, Mössingen.
Druck und Einband: Pustet, Regensburg.

Mehr über das Verlagsprogramm von Klöpfer & Meyer
finden Sie unter: *www.kloepfer-meyer.de*